KB123069

바이킹에서 브렉시트까지
사건과 인물로 읽다

심플한 세계사

這樣的歷史課我可以

Copyright ⓒ 2021 by Yi-jung Wu

Korean Translation Copyright ⓒ 2023 by History walk Publishers

This translation is published by arrangement with Ping's Publications, Ltd. through SilkRoad Agency, Seoul, Korea.

All rights reserved.

이 책의 한국어판 저작권은 실크로드 에이전시를 통해 Ping's Publications, Ltd.와 독점 계약한 도서출판 역사산책에 있습니다. 저작권법에 의해 한국 내에서 보호를 받는 저작물이므로 무단 전재와 복제를 금합니다.

바이킹에서 브렉시트까지
사건과 인물로 읽다

심플한 세계사

우이룽 지음 | 박소정 옮김

역사산책

역사의 밀물이 들어오도록

차이치화蔡淇華 | 대만 교육부 선정 우수교사상 수상자

초등학교 이후 대학에서 외국어학부를 졸업할 때까지 십여 년간 서양 역사를 배웠음에도 구체적으로 기억나는 것은 추상적인 명사 몇 개가 전부다. 무릇 옛것을 익혀 새로움의 발판을 마련하지 못한 지금의 상황에서 돌아보니 지난날 역사 수업에 쏟은 시간이 마치 청춘을 소모하고 낭비한 것과도 같아 한숨이 절로 난다.

대학 때 호메로스의 서사시, 성경, 영미 문학을 공부하면서 그리스 문명과 종교혁명의 역사적 맥락을 확실하게 잡고 싶어질수록 머릿속은 더 복잡해졌다. 대부분의 학술서가 마치 사자死者의 흐릿한 모습만 안겨주는 고별식의 추도문인 양 쓰였기 때문이다. 역사는 교과서에 담기는 순간 '죽은 역사'가 되어버리고 만다.

다행히 최근 우이룽 선생의 『미처 몰랐던 세계사』 덕분에 서양

근현대사에 대한 나의 고정관념이 완전히 바뀌었다. 우이룽 선생은 '사범대학문학원 역사이야기 대회'에서 1등을 차지하고 〈옛이야기: 모든 사람을 위한 역사〉 칼럼리스트로 활동하는 등 역사를 창의적으로 전달하는 능력을 갖춘 인물이다. 그는 이야기에 초점을 맞추는 데 탁월하다. 역사의 핵심은 인성人性, 이야기, 가치 있는 선택이라는 것을 너무도 잘 알고 있는 그가 쓰는 역사 이야기 하나하나는 웬만한 소설보다 더 재미있다.

대표적으로 트럼프 카드의 네 왕을 들며 역사 이야기로 자연스레 이끌어 들이는 우이룽 선생의 재치는 정말 감탄할 만하지 않은가? 그가 스페이드 킹은 다윗, 하트 킹은 샤를마뉴, 다이아몬드 킹은 카이사르, 클로버 킹은 알렉산더 왕이라고 짚어주었기에, 나는 트럼프 카드 놀이를 하면서 그 왕들의 이야기까지 떠올릴 수 있게 되었다. 그렇게 나는 우이룽 선생의 팬이 되었고, 그가 새로운 책을 써주기를 간절히 기다리고 있었다.

해마다 추천사를 써달라고 부탁받는 책이 50여 권에 달하지만 나는 대체로 완곡하게 거절하곤 한다. 그런데 우이룽 선생의 책은 추천사 요청을 받자마자 회신했다. "감사합니다! 저, 우이룽 선생님 팬이에요!" 원고를 받고 하루도 안 돼서 다 읽었다. 밥을 먹고 화장실을 갈 때조차 책에서 눈을 떼지 않았다. 너무 재밌잖아! 책을 완독하고서야 알게 되었다. 15세기부터 18세기까지 유럽에서 마녀 혐의를 받아 극형에 처해진 사람이 8만 명이나 되었다는 것, '몸무게 달기'로 마녀를 판별한 이유가 당시 유럽인은 마녀가 악마에게 영혼을 팔아 영혼만큼 몸무게가 줄었고, 체중이 정상인보다 적게 나가기 때문에 빗자루를 타고 하늘을 날 수 있다고 생각했기 때문이라는 것, 그래서 당시에 마녀의 저울로 마녀인지 아닌지를 감정했다는 것, 그러니 요즘 시대의 너무 마른 여성은 그 시절에 태어났으면 생명의 위협을 받았을지도 모른다는 것을 말이다.

이전 작품 『미처 몰랐던 세계사』도 이미 충분히 재미있었는데 이번 신작은 더욱 흥미롭다. 우이룽 선생을 뛰어넘을 수 있는 사람은 우이룽 선생 본인밖에 없는 게 아닐까! 그가 신작에서 보여준 글쓰기는 전보다 더 대담하고 세련되었다. 그는 명언을 쏟아내는 한편 용감하게 관점을 제시하고 인간미와 배려가 가득 담긴 역사적 질문을 던진다. 예를 들어보자. '마녀사냥' 글 뒷부분에는 사료와 통계가 제시되어 있다.

'마녀'로 고소당한 사람들 중 대다수가 중년과 노년층이었다. 과부와 미혼 여성의 비율이 기혼 여성보다 높았으며 대체로 형편이 매우 어려웠다. 그들은 늘 사회의 아웃사이더였기 때문이다.

그러고는 영화 〈여친남친〉에 나오는 명대사 "혼자 춤추면 반역이고 여럿이 춤추면 민심이다"를 인용한 후 우이룽 선생은 "우리 사회는 '혼자살이'의 매력을 잘 이해하지 못하는 듯하다"라고 질책한다. 그는 이렇게 역사와 현재를 연결해 역사 속 이야기가 먼 옛날 어느 지역만의 이야기가 아님을 짚어준다.

혹시 지금도 8차에 걸친 십자군 원정의 원인이 헷갈리는가? 신항로 개척의 원인과 결과가 무엇인지, 마르틴 루터가 어떻게 '언쟁의 신'으로서 종교개혁을 일으켰는지, 영국은 왜 그렇게 EU를 탈퇴하려고 했는지, 베를린 위기 때 미국이 어떻게 그 놀라운 공중수송 작전을 시행하면서 1년에 27만 7,728회를 비행하고, 매일 평균 5분도 안 되는 시간마다 우버잇츠Uber Eats처럼 항공기로 배달하며 서베를린 사람 250만 명을 구했는지 알고 싶은가? 그렇다면 당장 이 책을 펴들어 역사의 밀물이 들어오게 만들어야 한다. 그래야 갇혀 있던 당신의 마음이 다시 출항할 수 있다.

이 책을 읽는 모든 독자가 나처럼 시공간 여행을 통해 귀엽고 무서운 '역사 속 인성'을 이해하고, 세기의 감염병 속에서 좀 더 수월하게 자신이 행복해질 수 있는 자리를 찾기 바란다.

수업에서는 말 한 마디 한 마디가
눈길을 끌어야 한다

쩡페이유曾培祐 | 주의력설계사

나는 어려서부터 이야기하는 것을 좋아했다. 사범대학교 역사학과에 진학한 것은 더 많은 이야기를 듣기 위해서였고, 거기서 스토리텔링의 대가 우이룽을 만났다.

이야기를 할 줄 안다는 것은 그다지 신기한 일이 아니다. 그러나 심오하고 이해하기 어려운 이치나 생경한 역사를 마치 재미있는 이야기를 듣는 것 같은 착각을 불러일으키게 말하는 것은 그야말로 신기한 일이다. 그걸 해내는 사람이 바로 우이룽 선배다.

우이룽 선배의 수업은 딱딱한 역사 교과서 안에 갇혀 있지 않다. 그의 역사 이야기 속 인물은 생생히 살아 있으며 역사 속 사건들 또한 지금 눈앞에서 일어난 듯 현장감이 있다. 무덤에 묻혀 있거나 박물관에 박제된 지 오래 되어 너무 먼 시대, 너무 먼 나라 이야기일 수 있는 역사를 친근하게 만드는 재주를 우이룡 선배는 가지고 있는 것이다. 그는 이야기를 듣는 이들의 주의와 관심을 끌려면 어떻게 해야 하는지 잘 알고 있는 타고난 이야기꾼이다. 요즘 학생들 사이에, 혹은 대중에 유행하는 단어와 표현을 적절히 섞어 비유하는 서술 방식 덕분에 학생들은 그의 이야기 속으로 한순간에 빨려들어간다. 그러다 보면 어느 순간 무미건조한 역사 지식이 학생들의 머릿속에 자리 잡게 된다.

그냥 아무렇게나 책을 펼쳐도 눈이 번쩍 뜨이는 지점을 만난다. 예를 들면 이런 부분이다.

"이토록 굴욕적이고 고통스러운 취조 과정을 떠올려 보자니 드라마 〈황제의 딸〉에서 자미를 바늘로 고문한 용 상궁은 그나마 양반이라는 생각이 든다."

자미라고? 지금 유럽의 마녀사냥 이야기를 하고 있던 거 아니었나? 그런데 뜬금없이 웬 자미가 나와? 정말 절묘한 매칭이 아닐 수 없다. 그런데 우이룡 선배는 일상 수업에서 매일같이 이런 일을 해내고 있다.

나는 기업에서 강의를 하거나 교사 연수를 진행하면서 수업 시간에 학생들을 집중시킬 수 있는 기술을 공유한다. 나는 수업에서 동작이나 자세보다 말 한 마디 한 마디가 눈길을 끌어야 한다는 것을 잘 안다. 학생들에게 익숙한 것을 비유로 들 수 있는지가 학생의 눈길을 사로잡는 핵심이자 능률적인 수업의 비결이다.

　이 책은 지식도 쌓고 대화할 거리도 늘릴 수 있는 재미있는 이야기책이라 학생들이 보기에 안성맞춤이다. 만약 당신이 교사라면 당신에게도 진지하게 이 책을 추천하겠다. 딱딱한 교과서 지식을 학생들이 흥미진진하게 받아들이게 하고 싶다면 어떻게 해야 할까? 이 책에 그 방법이 담겨 있다. 나도 책에서 몇 가지 기술을 배웠다. 만약 당신이 이 기술을 챙겨 수업에 활용하지 못한다면 정말 안타까운 일이 될 것이다.

내게 계속 글을 쓰라고 한다면

첫 번째 책 『미처 몰랐던 세계사』를 완성하기 전후로 나는 줄곧 내가 '앨범을 한 장만 내고 접은 가수'라고 생각했다.

그렇다. 난 단순히 그런 '가수'가 되고 싶었다. 살면서 책 한 권이라도 내봤으니 어느 정도 성과는 이룬 것이다. 그래서 다시 교단으로 돌아가 역사 수업을 열심히 하고, 중학교 2학년인 나의 학생들과 지지고 볶고 지내면서 박사 논문을 잘 마무리할 생각이었다.

원래 내 계획은 그랬다. 그런데 결과적으로 무슨 마법에라도 걸린 듯 두 번째 책의 구렁텅이로 빠지고 말았다.

아마도 내가 모든 사람과 내 역사 수업을 공유하고 싶은 마음이 간절했던 모양이다. 예전에는 교실에서 학생들과 수업할 수밖에 없었다면, 세상에 나온 책 한 권이 순식간에 물리적인 거리를 뛰어넘어 나를 전 세계와 연결시켰으니 말이다.

아니면 마침내 내 몸 깊은 곳에 숨겨져 있던 '집순이' 영혼을 찾아내서일지도 모르겠다. 글을 쓰는 동안 나는 일주일에 이틀 쉬는 날에는 누구도 만나지 않고 조용히 서재에 틀어박혀 있었다.

그러나 두 번째 책을 쓰기로 마음먹은 가장 결정적인 원인은 사실 이것이다. 내가 선천적으로 마음이 약하다는 걸 편집자가 간파한 것! 나는 거절에 전혀 소질이 없는 사람이다. 친구의 말이 떨어지기가 무섭게 물불 가리지 않고 뛰어드는 유의 사람인 것이다.

내 안에 온갖 모순이 가득 차 있는 듯 보일지도 모르겠다.

나는 '수업'이라는 무대를 너무도 사랑하는 '작은 거성小巨星'인데 왜 문을 걸어 잠그고 집에 틀어박혀 글 쓰는 사람이 되었을까? 분명 내게도 냉정한 면모가 있다. 보이스 피싱 전화를 받자마자 바로 끊어버리며 상대가 내 인생의 소중한 몇 초를 낭비하게 했다며 욕을 해댈 만큼 한성깔 있는 사람이다. 그런데 나를 반년이나 매달리게 만든 이 작품은 도무지 거절할 수 없었다. 그 와중에 나는 알아서 정기적으로 원고를 넘기는 마조히스트적 성향마저 보였다.

역사에서도 이와 비슷한 예를 찾을 수 있기 때문에 사실 크게 놀라운 일은 아니다.

아돌프 히틀러는 자신에게 매우 엄격했다. 일찍 자고 일찍 일어나며 술·담배도 안 하고 심지어 채식주의자였다. 그런데 그가 베르사유 조약을 폐기하고 제2차 세계대전을 일으키고 강제 수용소를 설치해 민간인 100만여 명을 학살할 때는 역사상 그 누구보다 통제불능이었다. 윈스턴 처칠은 걸핏하면 밤새워 폭음을 즐기며 온종일 시가를 입에 물고 있었다. 하지만 그는 제2차 세계대전 중 영국이 가장 암울하던 시기에 영원히 타협하지 않겠다는 굳은 의지를 보이며 영국을 빛으로 이끌었다.

나는 역사 교과서의 부족한 설명이 늘 마음에 안 들었다. 인성人性을 지나치게 간소화해서 사건을 단조롭고 재미없게 만들기 때문이다. 그러한 교과서 지식이 인생을 살아가는 데 실질적 도움이 될까? 과연 우리가 인생에서 만나는 과제가 모두 객관식 문제일까? 네댓 가지 보기를 주며 그중에서 정답을 찾아가는 게 인생일까? 이는 곧 모든 인간의 삶이 평범하기 그지 없는 운명이라는 게 아닌가. 아이러니도 이런 아이러니가 없다.

그래서 나는 역사 교과서 속 중요한 사건들 이면에 있는 이상야릇하고 어쩔 수 없는 것, 역사적 인물들이 느낀 방황과 고민을 이야기하려고 노력했다.

사는 게 참 녹록지 않다는 것을 나도 잘 안다. 그래서 나는 살아 있는 것을 사랑하는 마음으로 힘든 모든 과거를 글로 적었다. 이 책을 읽는 독자에게 그 마음이 전해지면 좋겠다.

두 번째 책을 완성할 수 있도록 곁에서 애쓰고 수고해준 출판사 '평안문화'에 감사드린다. 멈추지 않고 앞으로 나아가며 글쓰기라는 거대한 고독 속에서 스스로를 더 잘 알 수 있는 기회를 준 나 자신에게도 감사한다.

끝으로 이 책을 나의 학생들에게 바치고 싶다. 아이들이 졸업하고 얼마의 시간이 흘러가든, 내 역사 수업이 언제나 그들과 함께하기를 진심으로 바란다.

차례

| 1장 | 역사 교과서를 보며 웃음짓는가, 침묵하는가?

1장

역사 교과서를 보며
웃음짓는가,
침묵하는가?

유럽의 마녀사냥 열풍

그녀는 하늘을 날 수 있는 약을 바른 목재 교통수단에 몸을 실었다. 하늘을 날 수 있는 약이 있냐고? 그것은 그녀가 아기를 죽이고 얻은 지방으로 직접 만든 약이다. 달이 환한 빛을 거두고 바람이 거칠게 몰아치는 밤, 그녀는 비밀 기지로 향했다. 그러고는 각지에서 날아온 일당, 마귀들과 파티를 열었다.

그녀는 심보가 고약해서 당신 집에 있는 우유를 상하게 하고 크림을 얼려버린다. 가축을 병들게 하고 농작물을 시들게 한다. 날씨를 춥고 습하게 만들기도 하며 감염병을 일으켜 마을을 통째로 없애버릴 수도 있다!

그녀가 대체 누구일까? 마귀와 한통속인 마녀다. 그녀는 지나치게 사악해서 모든 신이 용납할 수 있는 죄악의 수준을 넘어섰다. 태우자! 깡그리 태워버리자! 그녀가 마녀라는 '사실'을 입증할 수만 있다면 그 사람이 누구든 전부 불태워버리자!

15세기부터 18세기까지 300년간 유럽에는 8만 명 가까운 이들이 마녀 혐의로 극형 처분을 받고 목이 매달려 죽거나 말뚝에 묶인 채 화형을 당했다. 이 시기에 행해진 수많은 마녀재판을 흔히 유럽의 '마녀사냥Witch-hunt'이라고 부른다.

마녀재판: 이런 게 바로 '쓰레기 법관'

1543년 덴마크에서 벌어진 일. 한 상인의 아내 귀데 스판데마게르Gyde Spandemager가 저주를 퍼부었다는 죄목으로 고소를 당했다. 그녀의 저주로 덴마크 군함이 네덜란드 함대를 쫓을 때 바람이 엉뚱한 방향으로 불었다는 것이다. 혹형과 고문을 견디다 못한 귀데는 결국 주술을 부렸다고 인정했고 이후 산 채로 불태워졌다.

1589년 스코틀랜드 국왕 제임스 6세James VI(재위 1567~1625)는 덴마크 공주 앤을 신부로 맞이하러 배를 타고 코펜하겐으로 향했다. 그런데 돌아오는 길에 폭풍우를 만나 어쩔 수 없이 덴마크에 머무르게 되었다. 그칠 줄 모르는 비 때문에 분위기가 썩 좋지 않았다.

날씨에 발목이 잡혀 신부를 데리고 귀국하는 일이 순탄치 않게

스코틀랜드 국왕 제임스 6세
(James VI, 1566~1625)

되자 제임스 6세는 이 모든 게 마녀의 농간 때문이라며 크게 화를 냈다. 그는 용의자 70명을 체포해 엄격하게 심판했다. 그중 아나 콜딩스Anna Koldings라는 여성이 가혹한 고문을 견디지 못하고 자신이 국왕 부부가 탄 배에 마귀를 보냈다고 시인했다. 1590년 아나는 공범으로 몰린 여성 12명과 함께 화형장의 불길 속으로 사라졌다.

과연, 사람이 하늘의 이치를 따르지 않으면 하늘도 그 이치대로 움직이지 않는다고 했던가! 왜 하필 바람이 그 방향으로 불었을까? 비는 왜 그리 하염없이 내렸을까? 벌써 몇 달째 날씨가 이렇게 더운 것도 마녀가 꾸민 짓이 분명하다!

행성 운동의 법칙을 발견함으로써 이성으로 현대 천문학 체계를 구축한 독일의 요하네스 케플러Johannes Kepler도 마녀사냥의 열풍을 피해가지 못했다. 1615년, 68세이던 케플러의 어머니 카타리나가 이웃에게 고소를 당했는데, 그녀가 사람을 저주해서 병에 걸리게

하고 주술을 써서 고양이로 변신해 자유자
재로 이곳저곳을 드나든다는 이유였다.

비록 정식으로 형이 선고되지는 않았지
만 그녀가 주술을 행했는지 여부를 조사하
는 데 6년이라는 시간이 소요되었고, 그중
14개월 동안은 수감된 채 죄의 자백을 강요
받았다. 케플러가 조사 과정 내내 굳건히
변호해준 덕분에 카타리나는 풀려났지만,
오랜 시간 고초를 겪어 몸도 마음도 지쳐
있던 그녀는 결국 풀려난 지 반년 만에 세
상을 떠나고 말았다.

요하네스 케플러
(Johannes Kepler, 1571~1630)

이 같은 마녀재판에서 법관들은 온갖 가설과 황당무계한 증거를
제멋대로 들이대며 조사하고 판결했다.

하늘의 뜻에 따라 마녀인지 아닌지를 증명하는 데 사용된 몇 가
지 확실한 방법이 있었다. 간단하고 거칠지만 절대적인 효과를 지
닌 방법들이었다.

물에 빠트리기

법관은 용의자를 커다란 돌에 묶어 강이나 호수에 빠트린다. 만
약 용의자가 물 위에 떠 있을 수 있으면 그가 악마의 마력을 지녔
고 100퍼센트 마녀라는 게 증명된다. 우리가 신을 대신해 너를 마
땅히 화형에 처하리라!

만약 용의자가 물속으로 가라앉으면 그것은 그것대로 잘된 것이다. 끝없이 가라앉는 몸뚱이와 함께 너의 결백이 세상에 알려지니까 말이다. 그리스도교 신앙에서 물은 세례에 쓰이는 거룩하고 깨끗한 것이기 때문이다. 네가 가라앉는 것은 신이 너를 받아들였다는 뜻이다. 잘 가라, 멀리 안 나간다.

바늘로 찌르기

당시 사람들은 악마가 마녀의 몸에 '마귀 표식'을 남겨 바늘로 찔러도 아프지 않고 피도 흘리지 않는다고 믿었다. '마귀 표식'은 몸에서 돌출된 부분, 반점, 흉터, 심지어 육안으로 식별하기 어려운 기호가 될 수도 있었다. 따라서 용의자는 실오라기 하나 걸치지 않은 상태로 취조관 앞에 서서 취조관들이 몇 시간에 걸쳐 바늘로 온몸 구석구석을 찌르도록 내맡기는 처지가 된다. 만약 아픔을 느끼지 않는 부위가 발견되면 마녀 판정을 받는다.

이토록 굴욕적이고 고통스러운 취조 과정을 떠올려 보자니 드라마 〈황제의 딸〉에서 자미를 바늘로 고문한 용 상궁(황후의 충직한 신하로, 행동대장처럼 주인공 자미를 괴롭히는 인물—옮긴이)은 그나마 양반이라는 생각이 든다.

몸무게 달기

사람들은 마녀가 악마에게 영혼을 팔아 영혼의 무게만큼 가벼워졌고, 빗자루를 타고 하늘을 날 수 있는 걸 보면 틀림없이 정상인

화형당하는 마녀

물에 빠트려 마녀인지 아닌지 판별하는 방법. 물 위로 떠오르면 악마의 마력이
있다는 증거이며 물속으로 가라앉으면 신에게 받아들여졌음을 의미한다.

보다 몸무게가 가벼울 거라고 생각했다. 1545년 신성로마제국 황제 카를 5세Karl V(재위 1519~1556)의 명에 따라 네덜란드 아우데바터르에서는 유럽에서 유일하게 용의자 신분을 정확히 감정할 수 있도록 특별 제작한 마녀 저울을 보유하고 있었다.

오늘날 이 저울은 아우데바터르에 있는 마녀저울박물관에 보관되어 있으니, 본인이 마녀인지 아닌지 증명해보고 싶은 사람은 가서 무게를 달아보아도 좋다. 박물관에서는 몸무게 45킬로그램이 넘는 여성에게 '마녀 아님 증명서'를 발급해준다. 화형당하지 않기 위해 우리는 다음과 같이 스스로를 위로할 수 있을 것이다. 다이어트는 영원히 내일부터!

현대인은 이러한 마녀 판정법을 황당무계한 데다 잔혹하기까지 하다고 여길 테지만 당시 취조관에게 이는 지극히 정상적인 방법이었다. 그렇지 않다면 '마녀'로 의심되는 용의자를 대체 어떻게 판정할 것인가! 17세기 잉글랜드의 유명한 마녀사냥꾼 매슈 홉킨스 Matthew Hopkins는 용의자를 잠재우지 않고 극심한 피로를 느끼게 만드는 고문을 애용했다. "마녀가 깨어 있으면 술법으로 정령을 소환해 도움을 청할 것이다. 잠을 못 자게 하면 그 마력을 효과적으로 약화시킬 수 있어 야생마와 야생 매를 길들이는 것처럼 최대한 빨리 굴복시킬 수 있다."

마녀 심문서 『마녀를 심판하는 망치Malleus Maleficarum』가 세상에 나와 악명을 떨치자 이 책을 주술 연구에 관한 '권위 있는 저작'이라는 사람도 있었고 '이 세상 모든 문헌 중 가장 악랄하고 야만적인 작품'이라는 사람도 있었다. 평가가 어떠했든『마녀를 심판하는 망치』에서는 혹형의 필요성을 거듭 강조했다. 마녀의 배후에는 악마가 떡 하니 버티고 있으니 절대로 마음 약해지지 말고 끝까지 고통을 주어야 한다, 신의 의사봉을 높이 들어 있는 힘껏 쳐서 악마주의의 높은 담장을 무너트려야 한다는 것이다.

여성 혐오인가
아니면 아웃사이더 혐오인가?

"선생님, 질문 있어요! 마녀, 즉 여자만 집중적으로 용의선상에 오른 것 같은데, 남자는 주술을 배울 수 없었나요? 해리포터랑 덤블도어처럼 남자가 마술을 쓰는 건 소설에나 나올 법한 이야기인가요?"

300년간 유럽을 휩쓴 마녀사냥 광풍으로 형 집행을 받은 사람 중 80퍼센트 이상이 여자였다. 남자가 주술 사용 혐의로 고소를 당하는 이유는 대개 고소당한 여자와 모종의 관계가 있다는 점, 즉 마녀의 남편이거나 마녀와 남매 사이였기 때문이다.

'남자는 아무 잘못이 없어! 여자에게 나쁜 물이 든 것이 잘못이라면 잘못이지!' 이미『성경』에서 아담이 에덴동산에서 쫓겨난 이유가 이브의 말을 곧이곧대로 믿어 선악과를 먹어서라고 알려주지

17세기 마녀사냥꾼 매슈 홉킨스
(Matthew Hopkins, c. 1620~1647)

않았는가. 아, 여자는 언제나 마귀의 유혹에 홀라당 잘 넘어간다.

그래서 『마녀를 심판하는 망치』에는 이렇게 나온다.

"지적 결함 때문에 여자는 남자에 비해 신앙을 저버리기가 더 쉽다. 여자는 감정이 무절제하고 제멋대로라 갖은 수를 써서 타인에게 복수할 방법을 생각해낸다. 주술을 쓴다든지 여러 가지 수단을 동원해서…… 여자는 날 때부터 순종이라는 걸 모르는 존재다. 늘 자기 마음대로 행동하고 감정적으로 일을 처리하며 이성이라곤 눈곱만큼도 찾아볼 수 없다. 여자의 치장, 몸가짐, 행동 습관만 보더라도 여자가 얼마나 허영으로 똘똘 뭉친 동물인지 알 수 있다."

"모든 주술은 음욕淫慾에서 비롯되며 여자의 음욕은 무절제하다. 여자는 우정의 원수, 피할 수 없는 징벌, 벗어날 수 없는 죄악, 혼을 쏙 빼놓는 재난, 가정 내부의 위험물이자 감미로운 독약이다."

전통적인 그리스도교 사회에서 모름지기 여자는 자녀를 낳아 기르고 살림을 잘 꾸려 나가며 얌전히 남편의 뜻을 따르는 현모양처 역할을 감당해야 했다. 만약 여자가 조금이라도 독립적으로 행동하고 본인 의견을 가진다면 큰 문제가 되었다.

여자는 자기 본분을 지키고 마땅히 해야 할 역할과 책무를 다해야 했다. 여자는 반드시 결혼해야 했는데, 오랫동안 홀로 지내는 것은 그녀가 자신을 악마에게 바쳤을지도 모른다는 뜻이었다. 여자의 수절은 당연시되었고 결혼생활 중 외도는 그녀의 영혼이 악마의 유혹에 넘어갔다는 것을 의미했다. 여자는 경제적으로 너무 넉넉해서도 안 되었다. 여자는 모든 것을 남편에게 의지해야 하고, 여자의 소득이 지나치게 많다는 것은 악마와 거래했다는 가능성을 드러내는 것이었다. 그렇다고 여자에게 돈이 전혀 없는 것도 허용되지 않았다. 주머니가 텅텅 비었다는 것은 여자가 돈을 전부 악마에게 갖다 바쳤을지도 모른다는 것을 암시했기 때문이다.

셰익스피어가 "약한 자여, 그대 이름은 여자로다!Frailty, thy name is woman!"라고 적은 것도 무리는 아니다.

인생은 고달프고 여자가 되는 건 더 고달프다.

결혼도 일찍 서둘러 하지 않으면 안 되었다. '여자는 나이가 들수록 가치가 떨어져' 노처녀로 전락한다고 생각했기 때문이다. 시대에 맞지 않는 편파적인 생각이라고? 오늘날 대만 사회의 많은 이들이 여전히 이러한 가치관을 가지고 살아간다. 15~18세기 유럽에서 결혼하지 않은 여자는 실제로 사회의 아웃사이더였다. 이런 '별종'에게는 나쁜 길로 빠지거나 악마와 친구가 될 가능성이 더 많아질 수밖에 없었다.

20세기에 들어 마녀사냥을 연구한 학자들에 따르면, 마녀로 고소당한 이들은 대개 고아나 과부처럼 혈혈단신이거나 가난하며 소외된 주변인이었다. 통계를 보면 '마녀'로 고소당한 사람들 중 대다수가 중년과 노년층이었는데, 50세 이상이 전체 피고소인의 절반 이상이었다. 피고소인 중 75퍼센트가 넘는 사람이 마녀 판결을 받았고, 과부와 미혼 여성의 비율이 기혼 여성보다 높았으며 대체로 형편이 매우 어려웠다.

대만 영화 〈여친남친〉에 이런 대사가 나온다. "혼자 춤추면 반역이고 여럿이 춤추면 민심이다." 우리 사회는 '혼자살이'의 매력을 잘 이해하지 못하는 것처럼 보인다.

'혼자살이' 행동을 10등급으로 나눈 '국제고독등급표'라는 게 온라인에서 한때 유행했다. 마트에서 혼자 장보기, 식당에서 혼자 밥 먹기, 혼자 영화 보기, 혼자 노래방 가서 노래 부르기 등이 포함되었는데, 마치 우리에게 이렇게 말해주

『마녀를 심판하는 망치』

는 것만 같다. 사람들 틈바구니에서 부대끼고 살 수 있으면 본인 스스로를 챙기는 법은 굳이 알 필요가 없다고 말이다.

인류 진화사를 보면 우리는 대부분 함께 모여 살면서 공격받을 위험을 낮추었다. 타인과 관계를 유지하고 우호적으로 상호작용을 하는 것은 일종의 생존 메커니즘이었던 것이다. 그래서인지 '고아나 과부처럼 가족이 없고 형편이 어려운' 사람에게 괜한 거부감을 가지고 안 좋은 일을 그들과 결부시켜 생각하기도 한다. 가난한 사람은 온갖 풀을 뜯어 먹을 것이라고, 못생긴 사람은 살짝 닿기만 해도 성추행이라고, 주변인은 모처럼 밖에 나와도 스토커로 오인받기

십상이었다.

인터넷 같은 도구가 없던 시대에는 어느 정도 사회적 연결고리도 없고 도움을 청할 힘도 없는 사람은 의도적인 공격의 대상이 되기 쉬웠다. 당시 유럽에서는 경제적으로 풍족하고 고귀한 신분이더라도 당사자가 여자라면, 게다가 남편, 형제자매나 자식이 없는데 물려받을 재산이 넉넉한 상황이라면 마녀로 고소당해 무자비한 재판을 받는 등 각종 괴롭힘에 시달릴 가능성이 높았다.

재판 결과와 무관하게 일단 조사가 시작되면 여자의 명예는 무참히 짓밟히기 때문에 재판이 성립되면 여자의 재산은 몰수되거나 여러 사람이 나눠 가졌다.

한 사람에게 타격을 가하는 건 너무나도 간단했다. 마녀 딱지만 붙이면 그만이었으니까!

내가 온전히 나로 살 수 없다는 점이 마녀사냥 열풍이 불던 시대의 비애였다. 당신은 세상이 정해준 사회적 역할대로, 당신이 속한 무대에서, 관객이 보고 싶어 하는 모습으로 살 수밖에 없었다.

당신은 거부할 수 없다! 그러니 얌전히 신의 뜻을 따르라.

종교개혁: 내가 가장 대단한 마녀사냥꾼이다

근대 유럽에서 왜 이런 마녀사냥 열풍이 불었는지를 두고 줄곧 다양한 논의가 있었다. 그 원인 중 하나로 중세 후기 유럽이 전쟁,

기근, 역병 등으로 오랜 기간 사회적 불안 상태에 놓여 있었다는 점을 들곤 한다. 마녀사냥 열풍이 불어닥친 300년 동안 유럽은 소빙하기에 접어들었다. 알프스 빙하가 앞쪽으로 이동함에 따라 유럽 북부 지역을 중심으로 여름은 습하고 겨울은 극도로 추운 날들이 이어졌다. 기후가 변화하자 농작물 수확이 급격히 줄어들고 유럽 경제의 변동성이 높아졌다. 이로써 안정된 상태를 유지하던 농촌 사회가 요동치기 시작했다.

평온하고 서로를 신뢰하던 사회가 기복이 심하고 불안정해지면서 불안감과 초조함이 사람들의 일상을 잠식해 나갔다. 재난이나 사고를 당하면 누군가의 농간일 거라고 의심했다. 우리에겐 살아 있는 희생양이 필요하다! 만약 실제로 존재하는 마녀를 찾아 정죄하고 잔혹한 화형에 처할 수 있다면, 그 불이 사람들 마음속을 가득 메운 초조함과 의심까지 깡그리 태워버릴 수 있을 거라고 생각했으리라.

마녀사냥 열풍은 종교개혁의 영향일 수도 있었다. 원래 그리스도교에서 유럽 전체를 통틀어 신을 대신해 악마와 싸울 수 있는 '기관'은 오직 로마 가톨릭 한 곳뿐이었다. 그런데 1517년 마르틴 루터가 종교개혁에 불을 지핀 후 모든 것이 달라졌다. 루터파, 칼뱅파 등 다양한 새로운 '기관'이 '구원 서비스'를 제공하면서 종교 시장 경쟁은 '전국시대戰國時代'로 접어들었다.

경제학자 제이컵 러스Jacob W. Russ는 다음과 같이 말했다. "사람들의 지지를 얻으려 할 때 외부 세력에 대한 공포심을 자극하는 것보다 더 좋은 방법은 없다. 그리고 여세를 몰아 약속하는 것이다. 우리는 당신과 모두에게 최상의 보호를 제공하겠노라고."

악마도 나쁘고 마녀도 나쁘지만 두려워하지 말라! 우리가 너희를 보호할 것이다. 새로운 교파들은 마녀사냥을 통해 악마와 싸우는 재능을 보여줌으로써 군중을 끌어들이고 그들을 위로하는 역할을 맡았다.

그래서일까. 마녀재판 사례의 대다수는 지금의 독일, 스위스, 프랑스 동북부 일대에 집중되어 있는데, 이들 지역은 종교개혁의 파도가 가장 용솟음친 진앙지였다(잘 알려졌다시피 마르틴 루터는 지금의 독일 지역에서, 프랑스 북부에서 태어난 장 칼뱅은 스위스 제네바 일대에서 선교 활동을 했다).

'가장 많은 괴물을 잡아 내가 바로 제일 믿음직한 전사라는 걸 너희에게 알려주겠다. 가장 많은 마녀를 사로잡아 내가 바로 제일 믿을 수 있는 교파라는 걸 알려줄 것이다.'

괴물이 끔찍한지 아닌지, 마녀가 죽어야 하는지 아닌지는 그리 중요한 문제가 아닌 것처럼 보이지 않는가?

이만하면 신 앞에서 바늘에 찔려도 아프지 않다고 맹세할 수 있지 않겠는가?

십자군 원정

십자군 원정The Crusades은 전쟁이었을까 아니면 여행이었을까?

십자군은 신앙의 성지를 지키기 위해 출발한 것일까 아니면 개인의 영원한 구원을 위해 나아간 것일까?

중세 유럽으로 돌아가 원정 참여자들에게 이런 질문을 던지면 제각각 다른 답을 내놓을 것이다.

다시 말해 각자 다른 동기를 가진 사람들이 모여 십자군 원정이라는 공동의 목표를 향해 전진했다. 저

마다 바라는 하늘을 눈에 담고서 말이다. 그러니 원정 과정에서 소란이나 기괴한 탈선행위가 발생하지 않을 리 있었을까?

"그대들은 대체 어디를 향해 가고 있습니까?"

우리는 전혀 십자군 원정처럼 보이지 않은 십자군 원정에 대해 이야기해볼 필요가 있다.

성지로 전진해 마음껏 예배드리자

십자군 원정을 가장 간략하게 설명하면, 1096년부터 1291년까지 수차례에 걸쳐 그리스도교도와 이슬람교도 사이에 벌어진 종교 전쟁이라고 할 수 있다. 충돌이 빚어진 주된 원인은 성지 예루살렘의 통제권을 누가 차지하느냐에 있었다.

예루살렘이 대체 뭐라고 그렇게 싸웠을까? 예루살렘은 지구상에서 가장 신성한 도시이자 세 종교가 평생 꼭 한 번은 가봐야 하는 곳으로 여기는 성지다.

유대교에서 예루살렘은 거인 골리앗을 쓰러트린 전설 속 위대한 왕 다윗이 다스린 이스라엘 왕국의 수도였다. 비범한 다윗 왕의 아들이자 역사상 가장 부유한 사람으로 불리는 솔로몬 왕은 예루살렘에 여호와에게 바치는 성전을 건축했다. 성전은 수차례 무너지고 재건되다 마지막 보수까지 끝났지만 서기 70년 로마군에 의해 결국 완전히 무너져 내렸다. 예루살렘성을 함락한 로마군이 성전을

제1차 십자군 원정 — 안티오키아 공방전

불태워 성전은 서쪽 성벽 일부만 남겨졌으며, 이로써 이스라엘 왕
국은 멸망하고 유대인은 천 년간 나라 없이 떠돌아다니게 되었다.
이후 남겨진 성전의 서쪽 성벽은 '통곡의 벽'이라 불리며 유대인에
게 고국에 남은 유일한 유적, 정처 없이 떠돌아다니는 자신들의 운
명을 애도하는 장소, 유대교도가 역사와 여호와에 가장 가까이 다
가갈 수 있는 상징적인 장소가 되었다.

　그리스도교에서 하느님의 아들 예수는 인류를 위해 갖은 고난
을 겪었다. 재판에서 죄를 언도받고 무거운 십자가를 진 채로 사람
들을 지나 형장으로 향하기까지, 이 모든 위대한 희생이 예루살렘

에서 이루어졌다. 십자가의 길Via Dolorosa에서 하느님의 아들은 형구의 무게를 견디지 못하고 몇 번이나 비틀거리며 넘어졌다. 예수가 십자가에 못 박혀 죽고 매장되었다가 부활하는, 그리스도교인의 가슴을 아리고 목메게 하는 모든 장면이 실제로 예루살렘에서 일어났다. 오늘날에도 여전히 수많은 신도가 예루살렘 옛 성터를 방문해 하나하나 지표를 찾으며 예수의 발자취를 따르고 있다. 마치 예수와 함께 십자가를 지고 견딜 수 없는 무게를 느끼듯이 말이다. 십자가의 길을 걸으며 예수의 죽음을 깊이 체험하면서 겸손히 예수 그리스도와 동행하는 사람이 될 수 있기를 간구하는 것이다.

그런데 이슬람교에는 메카 성지가 있지 않은가? 예루살렘이 어떻게 이슬람교도와도 관련이 있을까? 이와 관련해 다음과 같은 이야기가 전해진다. 선지자 무함마드가 어느 날 메카의 카바 신전에서 낮잠에 빠져들었을 때 갑자기 천사 가브리엘에게 소환되어 천마天馬를 타고 예루살렘까지 날아간다. 무함마드는 예루살렘에서 수많은 선지자를 만나 함께 예배하고 기도하며 알라의 도를 논의한다. 이때 눈앞에 돌연 하늘로 이어지는 계단이 나타나고, 무함마드는 계단을 따라 올라가 총 일곱 하늘에 오른다. 그는 하늘에서 예수와 모세를 만나 최종적으로 알라에게 직접 가르침을 받는다. 이슬람교도는 무함마드가 메카에서 예루살렘으로 날아간 여정을 '이스라 미라지Isra Mi'raj'(메카에서 예루살렘 성전산에 있는 알아크사 모스크까지의 여행이 '이스라'이고 승천이 '미라지'인데, 보통 이스라 미라지라고 하면 무함마드 승천일을 말한다—옮긴이)라고 부른다. 무함마드는

라파엘로 〈골고다로 가던 중 쓰러진 예수〉
1514~1516년경, 패널에 유채, 318×229cm, 프라도 미술관 소장

예루살렘 십자가의 길

두 도시를 오간 경험을 통해 알라의 계시를 받았고, 이때부터 예루
살렘도 이슬람교에서 신성한 지위를 확립하게 된 것이다.

　이렇듯 유대교, 그리스도교, 이슬람교의 성지 예루살렘은 그들
의 믿음을 상징하고 증명하는 장소이기에 세 종교 모두 이곳을 점
령하고자 갈망했다. 하지만 누군가가 차지하면 다른 누군가는 차
지할 수 없는 법. 예루살렘을 차지하려고 다들 눈에 불을 켜고 달
려들어 거의 200년 동안 이어진 충돌이 이제 막 시작되려 하고 있
었다.

출발: 누가 준 용기인가?

중세 이슬람 제국은 당시 세계 최강국이었다. 동쪽으로는 '천가한天可汗'('천하의 칸 중의 칸'이라는 의미로, 남부를 정벌하고 돌궐 등 이민족을 제압해 여러 민족 추장에게 받은 존호—옮긴이)이라고도 불린 중국당 태종唐太宗(재위 626~649)을 무너트리고 중앙아시아 맹주의 패권을 장악했다. 서쪽으로는 스페인에서 시작해 피레네산맥을 넘어 프랑스 중부까지 거침없이 살육을 이어나갔다. 8세기에 아랍인은 이미 유럽, 아시아, 아프리카를 가로지르는 거대한 영토를 차지했다. 그리고 11세기에 이르러 이슬람교도를 이끄는 지도자가 바뀌었다. 셀주크튀르크인이 중동에서 세력을 확장하던 아랍 제국을 이어받았고 관할 영토에 성지 예루살렘이 포함된 것이다.

아랍인이 다스리던 이슬람 제국 시대에는 통치자가 줄곧 종교 문제를 관대하게 처리했다. 이슬람교가 아닌 종교도 존중하고 수용하는 태도를 유지한 덕분에 다양한 문화가 이슬람교도의 통치하에 자유롭게 생활하고 발전할 수 있었다. 그런데 새롭게 주인이 된 셀주크튀르크인은 상대적으로 엄격해서 관할 영토에 있는 비이슬람교도를 상대로 세세한 것까지 관리하고 통제했다.

새로 추가된 수많은 규정으로 인해 통치자를 향한 원망이 늘어나기 시작했고, 특히 예루살렘으로 향하려는 성지 순례자들의 고민은 더욱 커질 수밖에 없었다. 이들의 불안한 심정을 반영하듯 다양한 소문이 퍼졌다. "성지 순례길이 완전히 막히는 것은 아닐까?",

교황 우르바누스 2세
(Pope Urban II, c. 1035~1099)

"그리스도교교도가 성지 순례를 가면 이슬람교도 손에 죽임을 당하지는 않을까?", "셀주크튀르크인은 대체 통치라는 걸 할 줄 아는 걸까? 사람을 존중할 줄 모르는 것이 아닐까?"

성지 순례를 두고 그리스도교인의 걱정과 불안, 분노와 불만이 높아지자 그리스도교의 '큰 형님'이 목소리를 내었다.

로마 교황 우르바누스 2세Pope Urban II(재위 1088~1099)는 1095년 교인들에게 성지 탈환을 호소하며 가슴 뜨거운 연설을 했다.

"우리 다 같이 신성한 전쟁에 몸을 던지자! 신을 위한 전쟁이자 성지를 되찾기 위한 위대한 여정에 오르자! 모든 논쟁과 배척을 멈추고 함께 성지에 이르는 전쟁을 시작하자! 저 사악한 족속에게서 성지를 탈환하자!"

아니 잠깐, 이렇게 충동적으로 출발하면 안 돼죠! 예루살렘이 무슨 귀하가 사는 동네 이름도 아니잖아요? 서유럽 중심인 파리에서 예루살렘까지는 4,000킬로미터가 넘는 여정이라고요! 고속철도나 비행기는 고사하고 버스, 기차도 없던 시절인데, 얼마나 오랫동안 걸어갈 작정이죠? 구글맵의 도움을 받아 계산해보니, 잠도 안 자고

교황 우르바누스 2세의 원정 호소

쉬지도 않는다면 꼬박 813시간(약 34일)을 걸어야 도착할 수 있는 거리다. 게다가 이는 교황이 신을 위해 나서주기를 호소한 의무전義務戰이었다. 만약 자원해서 종군하는 거라면, 신이 대신 비용을 지불해주지 않을 테니 모든 건 자비로 충당해야 한다!

생각해보자. 현대인이 유라시아 대륙을 지나는 자유여행을 하려면 얼마나 많은 돈이 필요할까? 많은 사람이 성지로 가는 길에 들어가는 비용을 어떻게 감당할 수 있을까? 우리가 잊지 말아야 할 점은 이들이 싸우기 위해서 여정을 떠났다는 것이다. 싸움 상대는 유럽, 아시아, 아프리카 세 지역을 가로지르는 영토를 차지하고 전쟁 경험이 풍부한 이슬람교도이며, 중앙아시아에서 중동까지 적수가 없는 신흥 세력 셀주크튀르크인이었다. 대체 누가 그대들에게 목숨을 건 여정에 오를 용기를 주었는가?

그들을 움직이게 만든 건 떼돈을 벌고 싶다는 갈망, 천국에 가고 싶다는 바람이었다. 신이 그대들에게 용기를 불어넣지 않았다면 이 무모한 출발이 실행될 수 있었을까?

약탈은 '숨 쉴 수 있는 고통'

"동방은 금, 향료, 후추를 원하면 얼마든지 손에 넣을 수 있을 정도로 부유한데, 우리가 왜 여기 이렇게 가만히 앉아 있어야만 하는가?"

— 교황 우르바누스 2세

외젠 들라크루아 〈십자군의 콘스탄티노플 입성〉
1840년, 캔버스에 유채, 411×497cm, 루브르미술관 소장

교황의 이 같은 발언은 궁핍한 수많은 사람의 상상력에 불을 지폈다. 이미 흙을 파먹을 정도로 가난한 마당이니 동방 가서 사는 게 좀 더 낫지 않을까?

교황이 원래 기대한 바는 전투 능력을 갖춘 기사와 귀족이 이번 성전에 나서주는 것이었다. 하지만 실제 제1차 십자군 원정에 참여한 사람 중에는 농민과 빈민이 상당수를 차지했다. 그들은 식솔을 대동해 짐을 바리바리 싸들고 원정길에 올랐다. 그래서인지 싸우러 가는 사람이기 보다는 오히려 온가족이 동방의 신천지로 이민을 떠나는 모양새에 가까웠다.

이 오합지졸 군대는 먹을 것과 각종 생활 보급품을 얻기 위해 가는 곳마다 공격을 해대며 돈, 식량, 여자를 빼앗았다. 유대인은 『성경』에서 예수를 팔아넘긴 이들, 그리스도를 배신한 이교도로 간주해 우선적으로 약탈하는 대상이 되었고, 십자군은 수많은 유대 지역부터 약탈하기 시작했다.

특히 제4차 십자군 원정(1202~1204년)은 종교라는 명목으로 포장되기는 했으나, 사실은 십자군 원정이 서로의 이해관계가 맞아떨어져 떠나는 여정의 성격을 띠고 있다는 점을 여실히 보여주었다.

속사정은 이러했다. 당시 부유하다 못해 부가 흘러넘치던 베네치아 공화국이 제4차 십자군 원정에 필요한 전쟁 비용과 함선을 제공하겠다고 약속했다. 하지만 베네치아인이 공익에 열성적인 자선 사업가인 적은 역사상 단 한 번도 없었다. 철저하게 계산기를 두드린 후 교활한 베네치아인이 이렇게 말했다. "그대들에게 돈을 빌려주는 건 문제가 없다. 단, 나중에 무슨 일이 있어도 반드시 갚아야 한다! 앞으로 그대들이 얼마나 많은 땅을 정복하든, 그 땅의 절반은 우리 몫이라는 걸 절대 잊지 말라!"

이를 기점으로 십자군 원정은 싸우면서 빚을 상환하는 여정으로 변질되었다. 베네치아에게 빌린 돈을 갚아야 했던 십자군은 본연의 목적을 잊은 채 돈이 있는 곳이면 어디든 가서 싸웠다. 십자군은 가장 먼저 헝가리 항구 도시 자라를 공격했는데, 문제는 이곳이 신실한 그리스도교 마을이었다는 것이다. 그리스도교도가 왜 같은 그리스도교도를 괴롭힌단 말인가!

이후 노선은 한층 더 궤도를 벗어났다. 베네치아에게 진 빚을 갚아야 한다는 부담감이 성지를 잃는다는 두려움을 억누를 정도였다. 십자군은 아예 방향을 틀어 온힘을 다해 비잔틴 제국 수도 콘스탄티노플을 공격했다. 예정에 없던 진격을 감행한 십자군의 약탈과 노략질은 사흘 밤낮으로 계속되었다. 제4차 십자군 원정에 참가한 기사 겸 역사학자 조프루아 드 빌라르두앵Geoffroi de Villehardouin은 다음과 같이 기록했다.

"금, 은, 그릇, 보석, 견직물, 비단 및 모피 예복, 다람쥐 가죽, 세상에서 볼 수 있는 최상급의 온갖 물건들…… 세상이 존재한 이래로 한 도시에서 그토록 많은 전리품을 얻은 이는 없었다."

동방정교를 믿는 비잔틴 제국은 그렇게 영문도 모르는 사이에 일

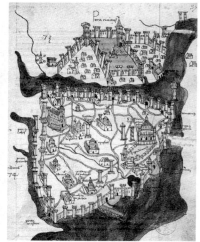

비잔틴 제국 수도 콘스탄티노플

격을 당했다. 동방 이슬람교도에 가장 가까운 그들은 본래 같은 뿌리에서 생겨난 그리스도교 형제, 로마 교황에게 편지를 써서 그리스도교도가 똘똘 뭉쳐 외부 침략과 압박에 맞서자며 도움을 요청했다. 그런데 형제끼리 들들 볶아대고 자기편이 자기편을 공격하자 비잔틴 제국은 완전히 얼이 빠져버렸다. 십자군은 자신이 무슨 잘못을 저질렀는지 전혀 자각하지 못한 것처럼 의기양양하게 두 손 가득 전리품을 챙긴 뒤, 일부는 빌린 돈을 갚고 일부는 본인 주머니에 채워 넣었다. "역시! 교황 말씀이 맞았어. 동방에 가면 떼돈을 벌 수 있다더니, 정말이잖아! 오예!"

제4차 십자군 원정은 예루살렘에 닿지도 못했고 비잔틴 제국만 최대 피해자가 되었다. 수도는 무참히 점령되어 약탈당하고 같은 그리스도교 형제에게 배신당했다는 괴로움은 침묵하는 것조차 고통일 만큼 콘스탄티노플 도처에 퍼져 있었다. 최대 수혜자도 십자군이 아닌 베네치아 공화국이었다. 베네치아 상인들은 돈을 빌려주고 빚을 갚으라는 명목을 앞세워 베네치아항을 두고 경쟁하던 라이벌 도시 자라를 십자군의 손을 빌려 무너트렸다. 베네치아인은 비잔틴 제국의 참패를 틈타 비잔틴 영토를 차지했다. 십자군 원정을 금전적으로 후원함으로써 지중해 무역 패권을 손에 쥔 절대 강자로 자리매김한 것이다.

'신을 위한 전쟁'은 대체 어디로 갔을까?

성전, 내 영혼을 이토록 들끓게 하다니

"주가 내게 주신 권능으로 엄숙히 선포하노라. 원정에 참가하는 모든 자는 죽으면 영혼이 연옥에서 고통 겪을 필요 없이 곧바로 천국에 이를 것이다. 채무 상환 능력이 없는 농민과 도시 빈민은 채무 이자가 무료이고 원정을 떠난 지 1년이 지나면 세금 납부를 면제받을 수 있다. 원정길에 오른 사람 중 누구든 육지나 바다에서, 또는 이교도와 전쟁을 하다 목숨을 잃으면, 그 사람의 죄악은 그 순간 사해지고 천국에서 영원불멸하는 영광을 얻으리라."

— 교황 우르바누스 2세

하지만 십자군 원정이 100년 넘게 지속되는 동안 대규모 전쟁을 수차례 일으키고 앞 다투어 참가하려는 수많은 사람을 소환할 수 있었던 것은 세속적 이익에 대한 동경을 제외하더라도 영생과 구원을 향한 그리스도교도의 간절한 바람이 있었기 때문이다.

'기사로 태어난 이상 전투는 숙명이다. 반드시 명예를 위해 싸우고 신을 위해 싸워야 한다. 따라서 나는 소리 높여 신을 찬양하고 날 선 검을 휘두르며 전진한다.' 왠지 앞뒤가 맞지 않는 것처럼 보이지만 이것이 그 시대 기사의 정의正義였다.

가난한 자나 범죄자는 비천하게 태어나 평생 고귀한 신분이 될 수 없지만 전쟁에 참가하면 사면을 받는다. 내 목숨을 바칠지언정 그리스도를 저버리지 않는다. 전쟁터에서 용감하고 의연하게 싸워

죽음을 감당한다면, 나는 순교자가 되어 거룩한 영혼이 될 것이다.

이 여정에서 우리 모두의 영혼이 이토록 들끓는 이유가 바로 여기에 있다. 사랑하는 사람을 위해 언젠가 악해질 가능성에 대해서는 감히 생각하거나 의문을 품을 수도 없다. 예루살렘이 대체 어디에 있는지 너무나 막연하고, 예루살렘으로 향하는 길에 탐욕이 지나쳐 숭고한 이상이 잔혹한 행동으로 변질되었다 해도, 신의 이름으로 무엇이든 용납될 것이다.

성지로 향한다는 신성한 목적은 모든 비열한 수단을 정당한 것으로 만들 수 있었다.

신앙은 고집스럽고 편집스러울 때가 있다. 몰입할수록 더 편집적으로 변한다. 그럴 때 우리는 선한 쪽을 선택하라고 스스로를 일깨우는 수밖에 없다.

발견인가 비극인가?

신항로 개척 시대

15세기 중엽부터 16세기 중엽에 이르는 100여 년 동안 국왕과 평민, 학자와 선원 등 모든 사람이 국가를 부강하게 만들려면 더 넓은 바깥세상으로 나가야 한다고 믿었다.

14세기 말 유라시아 대륙을 지배한 몽골 제국이 무너지면서 동방으로 이어지는 육로 무역도 위험해졌다. 오랫동안 정치적 혼란을 겪은 중앙아시아 지역에서는 강도가 오가는 행상을 습격하는 일이 시도 때도 없이 벌어졌다.

산이 돌지 않으면 길을 돌리고, 길이 돌지 않으면 사람을 돌리라고 했던가山不轉路轉, 路不轉人轉! 그럼 방향을 바꿔서 해로로 동방에 가면 되지 않을까?

암, 되고말고! 만약 명확한 지표가 있는 인기 노선으로 가고 싶다면 오래된 지중해 항로를 거쳐야 한다. 하지만 당신에게 허락되지 않는 기회도 있는 법. 지중해를 장악한 두 강호 오스만튀르크인과 베네치아인은 일찍부터 홈그라운드의 이점을 쥐고 있어서 가만히 앉아 엄청난 통행료로 당신을 혼쭐낼 테니까 말이다.

그래도 상관없다. 당시는 '바다를 잘 알기만 하면 바다가 도와주는' 시대였기 때문이다. 주변인이라 지중해는 장악하지 못했다고 해도 우리에게는 아직 대서양이 남아 있다!

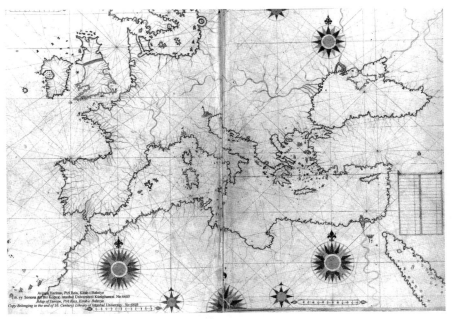

16세기 신항로 개척 시대 유럽 지도

맞다는 느낌이 들면 나는 떠날 것이다. 대서양 연안을 따라 가는 거야. 케케묵은 생각은 뒤로 하고 새로운 항로를 두려워하지 말자. 두려운가? 온갖 의심이 밀려드는가? 동방으로 떠나는 모험은 이제 곧 시작이다!

동방으로 가고 싶으면
지금 바로 떠나야 한다: 포르투갈

신항로 개척 시대를 이끌 항해학교가 드디어 문을 열었다! 동방에 닿고 싶으면 지금 출발해야 해! 지리상 대발견의 여정은 포르투갈에서 시작되었다.

오늘날 포르투갈은 유럽에서도 큰 주목 받지 못하는 작은 나라다. 축구 스타 호날두와 에그타르트 말고 우리가 포르투갈에 대해 아는 게 있을까? 그런데 15세기에 포르투갈은 가장 선두에서 진취적으로 나아간 국가였다. 구글맵은커녕 항해 기술조차 변변찮던 시절에 포르투갈인은 세상 끝에 닿기 위해 과감하게 뛰어들었고, 유럽의 주변인에서 제1세대 해상 맹주로 빠르게 탈바꿈했다.

포르투갈이 이토록 비약적인 발전을 이룰 수 있었던 건 한 왕자의 공이 크다. 정작 본인은 거의 바다에 나가지 않았음에도 '항해왕'이라고 불린 그 왕자는 '바다를 제대로 이해하고 있으면 바다가 도와줄 것'이라는 사실을 누구보다 잘 알고 있었다. 그가 곧 엔히크 왕자Infante D. Henrique다.

엔히크 왕자는 세계 최초로 항해학교를 세우고 유럽 각국의 수학자, 천문학자, 지도 제작자를 초청해 먼바다 항해 방안을 함께 연구했다. 뿐만 아니라 새로운 항해 측량 기구와 지도를 개량 및 제작하고 체계적·적극적으로 먼바다 항해가 가능한 선원을 양성했다. 좀 더 정확하게 항로 계획을 세울 수 있도록 학교 옆에 천

엔히크 왕자
(Infante D. Henrique, 1394~1460)

문대를 세워 기상, 계절풍, 해류, 조위(조석 현상으로 변화하는 해수면의 높이) 등 항해에 필요한 자료를 수집했다. 엔히크 왕자는 정말이지 시대를 앞서간 거인이었다. 신항로 개척 시대에 이미 빅 데이터의 중요성을 알고 있었지 않은가!

엔히크 왕자가 이끄는 연구팀은 갖은 노력을 기울여 육지의 끝이자 바다의 시작으로서 대서양을 종횡무진 누빌 수 있는 카라벨라Caravela 범선을 뚝딱 개발해냈다. 카라벨라는 가볍고 조작이 용이하며 역풍에도 전진할 수 있는 힘이 강해서 돛이 내려져 있어도 빠르게 항행할 수 있었다. 게다가 용골(선체 중심선을 따라 배밑을 선수에

포르투갈의 카라벨라 범선

서 선미까지 꿰뚫은 부재)이 얕은 편이라 연안과 하천을 깊이 탐색하는 데 적합했다.

엔히크 왕자는 바다 위를 자유자재로 오가는 카라벨라 범선을 활용해 먼바다 항행을 거듭 성공함으로써 각종 미신과 소문을 불식시켰다. 당시 사람들은 대서양에 알려지지 않은 수많은 위험이 도사리고 있다고 여겼다. 흉악한 바다 괴물, 거대한 소용돌이, 이글거리는 태양과 들끓는 바닷물이 있는 대서양에 위험을 무릅쓰고 다가가려는 사람은 누구나 비명횡사할 거라고 생각한 것이다.

그런데 엔히크 왕자가 파견한 함대는 대서양으로 나아가 아프리카 연안을 따라 탐험하고 돌아올 때마다 악몽같은 고통스런 경험 대신 엄청난 돈, 돈, 돈을 싣고 왔다. 아프리카 연안 땅이 하나둘 포르투갈 식민지가 되면서부터는 황금, 상아, 향료, 노예도 실려 왔다. 미지의 세계를 향해 모험을 떠난 포르투갈의 범선은 늘 온갖 수확물을 한가득 싣고 돌아왔다. 오늘날 아프리카 국가 가나 연안을 '골드코스트Gold Coast'라고 부르는 것은 지리상 발견 시대에 포르투갈이 이 지역에서 매년 금을 평균 410킬로그램 정도씩 반출한 데서 연유한다.

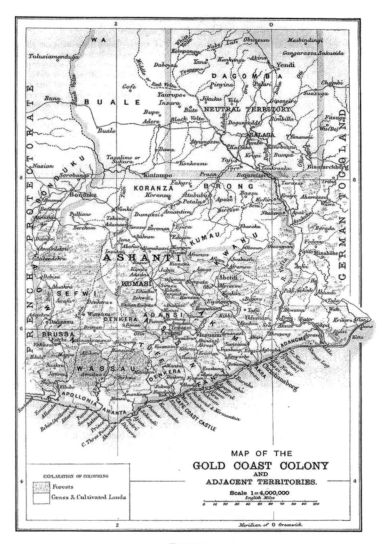

MAP OF THE

GOLD COAST COLONY

AND

ADJACENT TERRITORIES.

Scale 1 = 4,000,000
English Miles

EXPLANATION OF COLOURING

Forests

Grass & Cultivated Lands

Meridian of 0 Greenwich

골드코스트

황금의 가치가 높은 것은 두말할 나위 없다. 그러나 지식은 그 값을 매길 수 없을 만큼의 가치를 지녔다. 숱한 탐험으로 축적한 풍부한 항행 경험 덕분에 포르투갈인은 선박 설계와 항해 기술 분야에서 명실공히 유럽 최강자, 실속 있는 항해왕 자리를 차지했다. 엔히크 왕자가 세상을 떠났을 무렵 포르투갈 선원들은 실제 바다를 탐사해 얻은 정보를 가지고 2,400킬로미터에 달하는 아프리카 해안선을 발견하고 그중 일부를 지도로 제작했다. 지리상 대발견 시대에 포르투갈이 제작한 지도는 당시 전 세계에서 가장 정확한 지도이자 각국 스파이들이 앞 다투어 손에 넣으려던 귀중한 정보였다. "아는 것이 힘이다"라는 말처럼 항법을 알면 엄청난 돈을 벌 수 있었기 때문이다!

대서양 '조타수' 지위를 독점하기 위해 포르투갈은 아프리카 연안 항해 노선도 유통을 엄금하는 왕령을 공포할 수밖에 없었다.

그 후 포르투갈 선원들은 엔히크 왕자조차 감히 상상하지 못한 바다에 이르렀다. 아프리카 연안 최남단인 희망봉을 돌아 인도에 도착한 것이다. 또 더욱 동쪽으로 나아가 말레이시아 믈라카를 점령하고, 성큼성큼 중국까지 발을 내딛어 마카오 거주권과 통상권을 취득했다. 당시 꽃사슴이 도처에서 뛰놀던 대만을 지나며 저도 모르게 '아름다운 섬'이라는 뜻의 '일랴 포르모사Ilha Formosa'라고 외쳤다는 이야기가 전해진다. 이후 역사학자들은 포르투갈을 최초의 '세계무역국가'로 인정했다.

남들이 두려워할 때 나는 욕심내리라. 선원들이여, 배에 오르자!

가장 먼저 출항한 포르투갈은 100년 동안 스스로 개척한 위대한 항로를 독점적으로 향유했다.

지구는 둥글지만
둥근 크기 차이는 엄청나다

첫 배표를 손에 쥐고 승승장구하던 포르투갈이 역사에서 미미한 존재로 남겨진 것은 이후 콜럼버스를 향한 관심이 판을 뒤덮었기 때문이다.

크리스토퍼 콜럼버스Christopher Columbus는 이탈리아에서 태어나 십 대에 배에서 일하며 뱃사람의 삶을 시작했다. 그는 포르투갈 리스본에 갔다가 전 세계에서 가장 앞선 항해 도시에서 천문학, 제도학, 먼바다 항행 기술을 배웠다. 콜럼버스는 서아프리카 해안을 따라가다 남쪽 희망봉을 돌아 동방에 다다른 포르투갈 탐험가들을 보고 감탄한 한편, 자신은 훨씬 총명하다고 믿었다. 동방에 가려면 꼭 아프리카 대륙을 빙 둘러 가야 할까? 곧장 서쪽으로 항해해서 대서양을 가로지르면 그만 아닌가!

유럽에서 아시아로 가는 길이 이리도 간단한 것을!

지구는 둥그니까 콜럼버스의 논리는 틀림이 없다. 다만 생각이 지나치게 트인 나머지 지구를 너무 작게 여긴 것이 문제였다. 유럽에서 아시아로 가려면 어마어마하게 큰 한 바퀴를 돌아야 한다는

항구 도시 리스본

것을 몰랐던 것이다.

상황을 제대로 파악하지 못한 이 순진한 항해사는 잔뜩 흥분했다. 그는 서쪽으로 나아가 대서양을 가로지르겠다는 계획을 포르투갈 왕실에 알렸고, 포르투갈의 지지와 후원을 얻을 수 있으리라 기대했다.

콜럼버스, 그대는 아직 바다를 잘 알지 못하는군. 포르투갈은 이미 바다를 꿰뚫고 있다오.

세계적으로 앞선 항해 지식과 기술을 갖춘 포르투갈은 서쪽으로 대서양을 가로지르면 동방에 닿을 수는 있겠지만 결코 지름길은 아니라고 믿었다. 그렇게 가면 얼마나 오랜 시간이 걸릴지 모르는데, 콜럼버스 넌 그저 나를 속여 돈만 축낼 생각이로구나!

포르투갈 왕실의 후원을 얻어내지 못해 의기소침해 있던 콜럼버스에게 어수룩한 스페인이 걸려들었다. 콜럼버스는 확실히 행운아였다. 본래 그는 유럽에서 출발해 5,000킬로미터도 안 되게 항행하면 아시아에 도착할 것이라고 생각했다. 하지만 실제로는 서쪽으로 2만 5,000킬로미터 이상 꾸준히 항해해야 아시아의 변두리에라도 닿을 수 있었다. 중간에 아메리카 대륙이 끼어 있지 않았다면 콜럼버스와 그의 동료는 진즉 배에서 남은 생을 마감해야 했을 것이다.

포르투갈은 바다에 빠삭했기 때문에 콜럼버스를 놓쳤고, 스페인은 바다를 잘 몰랐던 덕에 오히려 '신대륙'을 얻었다.

영웅이자 악당, 크리스토퍼 콜럼버스

나는 바다에서 올라오며 항해하는 별 22개를 가져왔으나
그대가 항해 일을 내게 묻는다면 하늘을 보며 허허 웃으리
— 정처우위鄭愁予의 시 〈안개가 일어나는 것처럼〉 중에서

나는 역사를 공부하며 콜럼버스에 대한 100가지 견해를 가져왔으나, 당신이 콜럼버스의 위치를 내게 묻는다면 역사 교사로서 나는 그저 허허 웃으리.

콜럼버스의 항행을 두고 "사랑과 꿈과 희망이 가득한 이야기"라고 누군가 말한다면 나는 그에게 "드라마를 너무 많이 보셨군요"라

고 답하겠다. "콜럼버스의 존재가 바로 제국주의의 사악한 모습"이라고 말하는 사람에게는 이렇게 말하겠다. "사회에 불만이 많으신가 봐요!"

콜럼버스는 불굴의 용기를 지닌 채 꿈을 향해 나아간 열정적인 인물이었기 때문에 각국을 바쁘게 돌아다니며 자기 모험을 협찬하고 지지해달라고 설득했다. 당신은 꿈을 위해 얼마나 오랫동안 뛰어다닐 수 있는가? 서쪽으로 나아가 대서양을 횡단하기 위해 콜럼버스는 10년이 넘는 세월 동안 유럽 각국을 끊임없이 돌아다녔고, 숱하게 거절당한 끝에 1492년에야 비로소 스페인의 원조를 받을 수 있었다.

콜럼버스를 10년 이상 버티게 한 원동력은 무엇이었을까? 그것은 바로 항해를 향한 강한 열망과 열정이었다.

하지만 꺼질 줄 모르는 그의 열정이 전부였다고 하는 것은 지나치게 순진하고 어리석은 생각이다! 콜럼버스가 무슨 자선사업가도 아니고 사랑과 평화를 위해 바다로 나간 것은 아니지 않겠는가? 콜럼버스와 스페인이 합의한 내용을 보면, 스페인은 콜럼버스에게 귀족 작위를 수여하고 '대서양 해군 제독'으로 임명했다. 또 스페인은 그가 앞으로 발견하는 섬과 육지의 총독을 맡도록 허가했다. 신대륙에서 난 수입의 10퍼센트는 콜럼버스 소유이며, 신대륙에서 행하는 모든 상업 활동과 투자에 참여할 수 있고 이윤 총액의 8분의 1을 차지할 수 있었다. 물론 이 모든 일은 콜럼버스가 반드시 성공한다는 전제가 있어야 가능했다.

크리스토퍼 콜럼버스
(Christopher Columbus, 1451~1506)

콜럼버스의 마음속에는 꿈을 위해 간직한 열정뿐 아니라 꿈을 실현한 이후 얻게 될 엄청난 이익이 있었다. 그래서 확고하고 의연하게 떠났고, 연이어 네 번에 걸쳐 대서양을 성공적으로 건너며 바하마제도, 쿠바, 아이티, 자메이카, 푸에르토리코, 중남미를 포함한 연안 지역에 도착했다. 콜럼버스는 '신세계'를 성공적으로 정복한 남자이자 동시에 '신세계'를 파괴한 악당이 되었다.

산업과학기술이 아직 발달하지 않은 시대에 콜럼버스는 유럽의 관점에서 본다면 당연히 모험 영웅이다. 그가 탁월한 기술과 열정을 지녔기에 목재 범선을 유연하게 조종해 네 번이나 먼바다를 건너는 원정 탐험을 완수했으며, 그 과정에 많은 식민지를 점령하고 독점적인 새로운 항로와 새 영토를 가져와 스페인에 막대한 경제적 이익을 안겨줄 수 있었다. 콜럼버스 이후 유럽인은 아메리카 대륙을 지속적으로 탐색하고 개발했다. 신세계에서 획득한 각종 놀라운 음식물과 가축이 세계의 모습을 획기적으로 바꾸어놓았다.

반면 아메리카 대륙 원주민의 관점에서 보면, 콜럼버스는 잔인하고 포악한 침략자였다. 그는 아메리카 문명을 깔보고 현지 원주민을 닥치는 대로 죽였으며, 그들의 토지를 점령해 스페인인이 투자하는 농경지로 개간했다. 노예로 팔려간 수많은 토착민 중에는 유럽인이 '감상'하는 전시품이 되는 경우도 있었다. 아메리카 대륙에서 채취한 금은보화가 스페인 국고를 그득히 채운 데 따른 유럽인의 '보답'은 무엇이었을까? 그들은 천연두, 장티푸스, 독감 등을 신대륙에 퍼뜨렸고, 질병에 면역력이 없던 수많은 원주민이 목숨을 잃고 말았다.

아메리카 대륙 원주민이 이룩한 문명이 급속도로 멸망한 것은 다름 아닌 콜럼버스의 방문 때문이었다.

발견인가 비극인가?

10월 둘째 주 월요일은 콜럼버스의 날로 미국 연방 법정 공휴일이다. 1792년에 이 기념일을 제정한 것은 콜럼버스의 '발견'으로 신대륙의 남다름을 강조함으로써 영국의 식민문화를 벗어나 완전한 미국의 국가 정체성을 확립하기 위함이었다. 콜럼버스가 이탈리아에서 태어났기 때문에 이탈리아계 미국인은 특히 이날을 좋아한다. 미국 여러 대도시에서 펼쳐지는 이날 거리 행진에서는 수많은 이탈리아계 주민이 전통적인 문화 풍속을 보여준다. 이탈리아계 사람들의 역량을 한데 모으는 기념일인 것이다.

하지만 이날은 아메리카 대륙 원주민을 가슴 아프게 만드는 날이기도 하다. 따라서 미국 몇몇 주에서는 이 연방 공휴일을 아예 인정하지 않는다. 그들은 1억 명 가까운 인구가 거주하던 아메리카를 콜럼버스가 '발견'했다는 것을 전혀 받아들이지 않는 것이다.

미국 아메리칸 인디언 운동 단체는 다음과 같은 성명을 발표한 바 있다.

"우리는 콜럼버스의 날을 참을 수 없다! 행진, 기념일, 다른 축하 행사로 콜럼버스와 그의 공적을 드러내는 것을 우리는 도저히 참을 수 없다. 이 땅의 원주민으로서 우리는 우리 종족의 씨를 말려버린 사회와 정치적 행사를 기념하도록 내버려둘 수 없고 내버려두지도 않을 것이다. 콜럼버스의 아메리카 상륙을 둘러싼 과거 재검토는 후손을 위해서 역사 기록을 바로잡을 수 있는 절호의 기회다."

콜럼버스의 등장은 절대 축하할 만한 경사가 아니기에, 역사를 반성하고자 하는 일부 주에서는 콜럼버스의 날을 '원주민의 날'로

바꾸었다.

지리상 대발견은 발견인가 아니면 비극인가? 콜럼버스는 낭만적인 탐험가인가 아니면 잔인무도한 약탈자인가? 콜럼버스의 날을 기념해야 하는가 아니면 반대해야 하는가?

하나의 정답을 말할 수 없는 문제다.

어린 아이만 답할 수 있는 문제 아닐까! 역사란 본래 사람들의 이야기다. 자기를 스스로 명확하게 이해할 수 있는가? 사람은 원래 복잡한 동물이다. 콜럼버스를 두고 섣불리 어느 한쪽으로 규정할 시도는 하지 마시라.

계몽주의 채널 구독

2000년 한 여성이 영국 맨체스터 세인트메리병원에서 샴쌍둥이를 출산했다. 조디와 메리 샴쌍둥이는 척추와 하복부가 서로 붙은 채로 태어나 심장과 폐 기능을 공유하고 있었다.

의사의 전문적인 판단에 따르면, 두 아이는 분리 수술을 하지 않을 경우 6개월 안에 사망할 수 있는 상태였다. 그런데 심장이 조디 쪽으로 쏠려 있어서 서둘러 분리 수술을 하면 메리는 곧바로 숨을 거두겠지만 상대적으로 튼튼한 조디는 살아남을 수 있었다.

하지만 독실한 그리스도교 신자였던 쌍둥이의 부모는 하느님의 계획이 있을 거라고 믿으며 순리에 맡기고 절대 운명에 개입하지 않기를 원했다.

의사들은 이 결정이 의사라는 직업 윤리에 어긋나며 그나마 살 가능성이 있는 조디를 살려야 한다고 생각했다. 그래서 부모의 의사에 반하여 법원에 분리 수술을 허락해달라는 소를 제기했다.

갈릴레오 갈릴레이
(Galileo Galilei, 1564~1642)

당신이라면 분리 수술을 지지하겠는가? 누구에게 메리의 죽음을 결정할 권리가 있을까?

당신의 아이가 당신의 아이일 수 있을까? 누가 조디와 메리를 위한 결정을 내릴 수 있을까? 부모일까 아니면 의사일까?

당신만의 답이 있을 수도 아니면 없을 수도 있다. 그런데 이 문제에 유일한 정답이 있을 가능성이 있기는 할까?

17세기 갈릴레이와 뉴턴은 관찰과 실험을 통해 자연의 구조와 작용을 발견하고, 그 안에서 사물의 인과 관계를 도출해 보편 법칙을 이끌어냄으로써 천재의 시대를 완성했다. 이어 18세기 계몽주의 신도는 자연과학이 할 수 있는 것을 사회과학도 해낼 수 있다고 믿었다. 우리가 열심히 이성적으로 사고하고 전통과 권위의 제약을 받지 않으면 인간 사회와 우주의 진리를 더 잘 이해할 수 있다! 우리는 현재 인류가 마주한 문제를 해결할 수 있는 최선의 답을 찾을 것이다. 그런 의미에서 당신의 이성을 되찾는 데 도움이 될 계몽주의 채널 '이성이 통치하리라'를 구독하시길. 알람 설정을 하기만 하면 인간 행동 규칙을 찾는 법을 알려주고 최대한 모든 사회 문제의 정답을 찾아줄 것이다.

계몽은 나 자신의 주인이 되기 위한 것

"무지한 백성은 사기꾼의 놀잇감이 될 수밖에 없다. 이 사기꾼은 백성을 구슬리기도 하고 착취하기도 하는데, 본인의 이익 추구를 위해 백성을 도구로 삼아 희생하는 데 조금도 거리낌이 없다."

— 니콜라 드 콩도르세Nicolas de Condorcet

1594년 갈릴레이는 코페르니쿠스의 『천구의 회전에 관하여De revolutionibus orbium coelestium』(1543)를 읽고 '지동설(태양중심설)'에 관심이 생겼다. 훗날 갈릴레이는 코페르니쿠스의 관점이 사실인지 아닌지 증명하기 위해 네덜란드 안경 제조업체에서 영감을 받아, 긴 파이프 양 끝에 렌즈를 단 뒤 하늘로 들어 올렸다. 과학자의 눈에는 항아와 옥토끼 대신 울퉁불퉁한 달 표면만 보였다. 달은 당시 권위 있던 교황청이 묘사한 것처럼 '완벽한 구형의 천체'가 아니었다. 이후 갈릴레이는 봐서는 안 될 것을 보고 말았다. 위성 4개가 목성을 회전하는 모습이 선명하게 눈에 들어온 것이다. 이는 모든 천체가 지구를 회전하는 게 아님을 증명한 것으로 코페르니쿠스의 '지동

니콜라우스 코페르니쿠스
(Nicolaus Copernicus, 1473~1543)

설'을 강력히 뒷받침할 수 있는 증거였으며 동시에 그리스도교가 견지하던 '천동설'을 뒤흔드는 것이기도 했다. 아리스토텔레스가 '천동설'의 완전한 체계를 구축한 이후로 유럽 세계는 거의 1400년 간 천동설을 믿어왔다. 하느님이 자기 형상대로 인간을 창조했고, 만물의 영장인 인간이 생활하는 지구는 우주의 중심이며, 태양, 달, 금목수화토金木水火土는 나를 위해 도는 데 그 존재 의미가 있다. 갈릴레이 당신이 이러면 나는 아이들에게 무엇을 가르쳐야 합니까!

1616년 교회는 코페르니쿠스가 틀렸다고 공개적으로 선포했다. 갈릴레이 당신이 그를 두둔해도 소용없어! 당신들이 우리 교회와 엇나가는 것 자체가 잘못된 거야. 당신들이 무슨 과학자야! 하나같이 머리가 모자란 사람들이구먼! 당시에는 코페르니쿠스 학설을 선전하거나 공개적으로 논의하면 감금되었다.

1633년 69세 갈릴레이는 로마 바티칸 종교 법정에서 재판을 받았다. 6개월 가까이 지속된 재판에서 갈릴레이는 결국 이단 혐의로 유죄 판결을 받았고, 그가 관찰하고 발표한 모든 학술 저서를 포기, 저주, 혐오하겠다는 맹세를 해야 했다. 일흔에 가까운 노인은 평생 가택 연금되어 쓸쓸히 생을 마감했다.

틀린 것을 100번 말한다고 진리가 될까? 그렇지 않다. 하지만 용감하게 잘못을 인정하기까지는 수백 년의 시간이 필요했다. 1992년에 이르러서야 교황청은 교황 요한 바오로 2세Pope John Paul II(재위 1978~2005)가 발표한 성명을 통해 그리스도교가 갈릴레이에게 잘못된 판결을 내렸다는 점을 인정했다.

교회의 힘을 결코 무시하지 마시라. 역사적으로 그리스도교가 경전을 베껴 쓰고 다양한 언어로 번역함으로써 인류의 지식이 이어질 수 있도록 위대한 공헌을 했다는 점은 부인할 수 없다. 하지만 동시에 교회는 모든 지식을 독차지했다. 지식을 해석하는 권한을 독점하며 일반인이 생각할 수 있는 기회를 앗아갔다. 그리스도교의 뜻에 반하는 이론은 교회에 의해 전부 이단, 사설邪說, 흑주술,

터무니없는 말로 판결나 철저히 파기되곤 했다. 위대한 갈릴레이라도 예외가 아니었다.

계몽주의는 교회와 모든 권위 있는 것에 대한 사람들의 맹목적인 추종을 타파하려고 했다. 계몽주의 이전에 사람들은 제대로 사고하지 않은 채 믿어버리는 경우가 너무 많았고 그런 믿음은 오래 지속되는 사이 미신으로 바뀌었다. 이로 인해 사회 전체가 무지몽매한 상태에 빠져들었고, 사람들은 교회와 국왕이 마음대로 좌지우지할 수 있고 가장 쉽게 희생당하는 놀잇감이 되었다. 우리는 이성을 깨워 사람으로 태어나 마땅히 누려야 할 자유를 충분히 드러내야 한다. 열심히 사고하여 자기 운명의 주인이 될 수 있어야 한다.

인간의 과학
: 우리는 이 시대를 밝게 비추기 위해 애써야 한다!

"우리는 그저 신이 가장 지혜롭고 교묘하게 안배한 만물을 통해서만 신을 인식할 수 있으며……, 우리가 다른 시간과 장소에서 보는 모든 자연 사물은 필연적 존재인 신의 사상과 의지에서 비롯될 수밖에 없다."

— 아이작 뉴턴Isaac Newton

17세기 물리학의 거인 아이작 뉴턴은 관찰과 추리를 통해 운동의 세 가지 법칙을 제시했다. 뉴턴의 운동 법칙을 바탕으로 실제 데

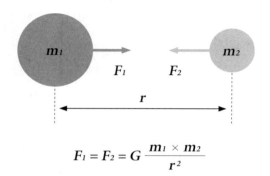

$$F_1 = F_2 = G \frac{m_1 \times m_2}{r^2}$$

이터를 가지고 논리적인 사고를 거친 결과 중력은 인력引力이고, 중력은 거리의 제곱에 반비례하고 질량의 곱에 정비례한다는 것을 추론해냈다. 그리고 이러한 내용을 단순한 수학 공식(그림 참조) 하나로 압축했다.

이것이 바로 만유인력의 법칙이다. 이 공식을 통해 우리는 지구의 질량을 추론하고 한 발 더 나아가 달, 태양, 은하계의 천체운행 법칙을 파악할 수 있다.

뉴턴이 추론하고 귀납한 내용은 우리에게 우주는 어렵지 않으며 공식을 찾으면 우주를 설명할 수 있다는 것을 알려주었다. 대자연의 운행은 변화를 헤아리기 어려운 듯 보이지만 인간의 이성과 지식을 발휘하면 그 이면에 숨겨진 운행 법칙을 찾을 수 있다.

인류가 우주보다 복잡할까? 그럴 리 없다.

계몽주의 사상가는 우주와 마찬가지로 인간에게도 인간의 행동을 주도하는 보편적인 원칙이 존재한다고 믿었다. 사랑에는 사랑의 법칙이 있고 슬픔에는 슬픔의 단계가 있으며 분노에는 분노의 기준이 작동하는 절차가 있다고 보았다. 인간은 울고 웃을 수 있지만, 희로애락을 비롯한 인간의 모든 감정은 아무 기준이나 원칙 없이 생기지 않는다. 감정도 틀림없이 어떤 명확한 규칙에 따라 작동하고 있다는 것이다.

인간은 반드시 이러한 공통적인 규율과 법칙을 가지고 있다. 우리에게도 일정한 규칙이 있는 만

아이작 뉴턴
(Isaac Newton, 1642~1727)

큼 상대방을 화나거나 난처하게 만들지 않는 법을 알아야 비로소 다른 사람과 함께 어울리고 하나의 사회를 이룰 수 있지 않겠는가! 사회 구성원 모두가 보편적으로 생각하는 '미美'의 기준이 있어야 어떤 것이 예술 작품인지 아닌지를 판단할 수 있고, '선善'에 대한 보편적인 기준이 존재해야 도덕적인 행동과 허용되지 않는 행동을 확실하게 구분할 수 있다.

계몽주의를 대표하는 존 로크John Locke의 『인간지성론An Essay Concerning Human Understanding』(1689)은 인간을 연구한 논문이다. 로크는 신이 인간을 창조한 데에는 그 목적이 있고, 신은 인간이 어떤 일을 해도 되는지와 어떤 일을 하면 안 되는지를 기대한다고 믿

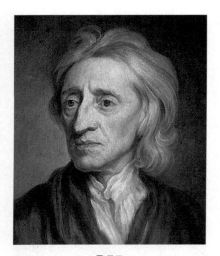

존 로크
(John Locke, 1632-1704)

었다. 인간에게는 필연적으로 신이 요구한 일을 이행할 능력이 있는데, 이를 위해 신은 인간에게 '자연의 빛lumen naturale'(이성)을 부여했다고 생각했다. 그 능력으로 우리가 타인의 도움에 기대지 않고 확실하게 존재하는 진리나 지식을 혼자 힘으로 얻을 수 있다는 것이다.

우리는 어떤 의미를 가지고 이 세상에 온 것이 틀림없다. 신이 우리에게 준 이성이라는 천부적인 재능을 낭비해서는 안 된다. 반드시 진리와 지식을 추구하고 이성으로 이 세상을 밝게 비추려고 노력해야 한다.

이성은 더 나은 삶의 방식을 갈망하게 만든다

시작할 때 언급했던 조디와 메리의 사례로 돌아가보자. 누가 쌍둥이를 위한 결정을 내릴 수 있다고 생각하는가?

나는 수업 시간에 학생들과 이 사례를 가지고 토론하곤 한다. "너희가 만약 판사라면 의사와 부모 중 어느 쪽을 지지하겠어?" 처음에는 거의 모든 학생이 부모의 결정에 동의했다.

> 학생: "선생님, 부모의 의견을 존중해야죠. 자기 자식이잖아요!"
> 나: "만약 네가 지금 병에 걸려서 몸이 아프다고 치자. 부모님이 너의 생사 여부를 결정할 수 있는 상황에서 너를 그냥 죽게 내버려두고 치료도 거부하면, 받아들일 거야?"
> 학생: "……."

부모와 자식 관계에서 친권지상주의는 사실 오랫동안 동양 문화 저변에 깔려 있었다. 우리가 주류 가치에 도전하려고 시도할 때는 논의 과정에서 밀고 당기는 긴장감과 초조함을 동반할 수밖에 없다.

최고 법원은 샴쌍둥이의 분리 수술을 허용한다고 판결했고, 수술이 끝난 후 조디는 살아남았지만 메리는 세상을 떠났다.

법원이 의사의 손을 들어준 데에는 최대한 생명을 살려야 한다는 보편적인 가치가 작동했다. 부모를 지지하는 쪽은 친권을 제외하고도 두 아이의 목숨이 똑같이 신성하다는 생각을 가지고 있었다. 수술을 하는 건 메리를 죽이는 것이나 마찬가지라 두 아기 모두 포기할 수 없다는 것이다. 나중에 조디가 커서 메리가 자기 때문에 죽었다는 걸 알고 나서 평생 죄책감을 느끼며 살지도 모른다는 학생의 답변도 있었다.

자연과학은 객체의 '물질'을 다루기 때문에 상대적으로 단순하

몽테스키외
(Montesquieu, 1689~1755)

고 명확하며 보편적으로 적용하는 규칙과 법칙을 정리해낼 수 있다. 하지만 사회과학은 사람의 문제를 다룬다. 사람에게는 공통점이 분명 존재하지만 그보다 특수성이 더 많은 것 같다. 각자 마음대로 쓴 글에 저마다 똑같이 '사랑이 틀림없다'라는 문장 하나만 덧붙여도 나름 그럴싸해 보이는 각양각색의 시詩를 지어낼 수 있는 것처럼 말이다. 하지만 감정적 관계는 겉보기에 크게 다르지 않은 것 같아도 당사자 본인에게만 해당되는 걱정과 염려가 있게 마련이다.

토론이 끝난 후 한 학생이 진지하게 말했다. "선생님, 사람들은 저마다 생각이 다 달라요. 대다수가 동의해도 반대하는 소수의 사람이 있잖아요. 사회가 한 가지 공식을 따라가는 건 정말 어려운 일이에요."

계몽주의 사상가는 이미 노력할 만큼 노력했다. 로크는 천부인권을 제시하며 정부의 직책은 국민의 생명권, 자유권, 재산권 등을 보호하는 것이고, 만약 정부가 이를 해내기는커녕 오히려 국민의 권리를 침해한다면 국민은 새로운 정부를 세울 권리가 있다고 공언했다. 하지만 정부에게 국민의 생명권을 박탈할 권리가 있는지에 대한 문제는 대만과 다른 국가에서 여전한 논쟁거리다.

몽테스키외Montesquieu는 삼권 분립 원칙을 체계적으로 제시했다. 그는 입법, 행정, 사법으로 권력을 분리하면 정치제도에서 나타날 수 있는 문제점을 해결하는 데 도움이 되고, 한 사람이나 한 단체가 세 권력을 동시에 손에 쥔다면 끔찍한 결과를 초래할 수 있다고 생각했다. 하지만 삼권분립을 실시하는 미국은 지금까지도 당파 싸움, 내부 불협화음으로 인한 내적 소모, 이익단체가 입법과 행정을 마음대로 흔드는 폐단과 비판에서 자유롭지 못하다. 중화민국의 국부國父 쑨중산孫中山은 삼권분립으로는 부족하고 오권분립(입법권, 사법권, 행정권, 감찰권, 고시권)이어야 기능에 따른 권력 구분을 충분히 보장할 수 있다고 판단했다.

어쩌면 진짜로 사람은 우주보다 복잡한 존재이며, 계몽주의자들은 인간의 이성을 지나치게 낙관적으로 봤는지도 모른다. 평생을 살아도 진정한 인생의 답을 찾지 못할 수 있다. 결국 사회문제를 해결하는 완벽한 방법은 없지만, 진취적이던 계몽주의는 우리에게 조금이나마 희망의 빛을 비춰주었다. 교육을 보급해 사람들이 독립적이고 자주적인 사고 능력을 갖출 수 있는 길을 열고, 이성을 활용해 용감하게 지식에 기반한 판단과 결정을 내릴 수 있도록 격려했으니까 말이다. 지식을 공유하면서 권위는 더 이상 유일하지 않게 되었다. 우리는 대화와 토론을 통해 사회에 존재하는 다양한 상황과 현상을 분석하고 추리하며, 우리가 더 바라는 생활 방식이 무엇인지를 생각할 수 있게 되었다.

당신이 내 의견에 동의하지 않고 내가 당신의 의견에 동의하지 않아도, 우리가 쏟은 노력에는 아무 손해가 없다. 우리에게 가장 적합한 이상적인 생존형태를 찾기 위해 노력하는 시대에서는, 비록 유일한 답이 없을지라도 계몽주의가 밝힌 이성의 빛은 여전히 아름답게 빛나고 있을 테니까.

산업혁명

"서양에 대체 무슨 힘이 있는데?"

기계 기어가 움직이고 진공에서 증기가 냉각되었다. 피스톤이 실린더를 밀자 모터에서 요란한 소리가 났다. 공장은 강철을 만들며 짙은 연기를 하늘로 힘껏 내뿜었다.

그때 동양은 가만히 손 놓고 앉아만 있었다.

18세기 영국에서 시작된 산업혁명은 이후 100년간 서양이 동양을 능가하게 만든 결정타였다.

마치 슈퍼마리오 게임 속 '슈퍼스타'처럼 산업혁명 덕분에 서양 문명사에서 초대박 역전승을 거둔 것이다.

정치 측면에서 보자. 동양은 일찍이 기원전 221년에 진시황이

동양과 서양의 제지 공방

6개국을 통일하며 강하고 힘 있는 중앙집권 대제국을 건설했다. 하지만 서양에서는 수많은 지역 정부 조직이 모래처럼 뿔뿔이 흩어져 있었다.

오늘날 독일을 중심으로 한 중부 유럽은 18세기까지만 해도 여전히 수백 개의 공국, 제후국, 자치도시(중세 유럽에서 국왕이나 영주에게 자치권을 얻은 도시), 교회 영지 등이 모여 이루어진 느슨한 집합체였다. 멋스러운 나라 이름이 있었으나 "신성하지도 않고 로마도 아니며 제국은 더더욱 아니다"라는 말을 듣곤 했다.

경제 측면에서 볼까? 아랍인이 유라시아 무역항로를 독점한 채 모든 적수에게 포악하게 굴었다. 중세에는 바그다드에 있는 은행 본점에서 상인이 합법적인 수표(어음)만 소지하고 있으면 스페인, 모로코 등 은행 지점에서 손쉽게 현금으로 교환할 수 있도록 보장함으로써 신용 계약을 중시하는 현대적 금융 시스템을 형성했다. 중국에서는 북송 시대에 시장 규모 확대와 활발한 거래 수요에 부응하기 위해서 세계 최초 지폐 '교자交子'를 발행했다. 유럽에서는 그로부터 600여 년이 지난 17세기에 이르러서야 스웨덴에서 처음으로 지폐가 등장했다.

과학기술 측면에서는 당나라 때 연단가煉丹家(도가에서 불로장생을 위해 만든 약을 먹는 사람들의 집단—옮긴이)가 불로장생약을 만들어내기 전에 이것저것 시도해보다가 최초의 화약을 만들어냈다. 아랍인은 "그렇게 오래 살아서 뭐 하느냐, 우리는 돈이 더 필요하다"라고 생각했다. 그래서 연금술사들은 증류, 분리 같은 방법을 통해 최초로 황산을 얻었고 왕수王水, aqua regia(말 그대로 '왕의 물'이라는 뜻이며 진한 염산과 질산을 3:1 비율로 혼합한 용액으로 귀금속을 녹일 수 있어서 붙여진 이름—옮긴이)까지 만들어냈다. 연금술이 꼭 금을 만들어내는 것은 아니지만 화학이 좋은 성적을 보장하는 것만큼은 분명하다.

당시 이슬람교도 기술자는 조석, 수력, 풍력을 이용해 원시산업을 일으키는 방법을 알고 있었다. 덕분에 중세 아랍 제국은 통치 범위 내에 수많은 공장을 설립할 수 있었다. '과학기술나무'를 키워내지 못한 유럽인은 시대를 앞서간 아랍인을 힘겹게 쫓아가며 뒤에서 몰래 조금씩 배울 수밖에 없었다. 제지 공방의 경우, 8세기 중엽 아랍인은 당나라를 쳐서 사로잡은 중국 병사들에게 제지술을 배운 뒤 중앙아시아에 제지 공방을 세웠고, 유럽에서는 13세기가 되어

서야 스페인에 처음으로 제지 공방이 생겼다. 하지만 다들 알다시 피 채륜蔡倫은 무려 1100년 전에 대중화시킬 수 있는 제지술 공예 를 발명했다.

그러니 "서양이 대체 무슨 힘이 있는데?"라는 말이 나올 수밖에. 산업혁명이라는 '슈퍼스타'가 대체 얼마나 대단한 '아이템'이길래 이 를 기점으로 유럽인이 엄청난 실력 발휘를 하며 전 세계를 압도하 게 만든 것일까?

생산이 폭증하던 시대
: 기계가 인력을 대신하다

18세기 중엽 유럽의 전체 인구는 약 1억 2천만 명, 같은 시기 중 국 인구는 이미 2억 명을 돌파했다.

인구는 국가의 중요한 동력 자원이다. 많은 사람이 노동력으로 만리장성을 쌓고 운하를 건설했다. 하지만 사람은 언제든 지치게 마련이라 휴식을 취하고 잠을 자야 한다. 또 사람은 성질을 내고 저 마다 개성이 있다. 게으름을 피우고 제멋대로이며, 업무량이 지나치 게 많거나 힘들어서 오랜 시간 피로가 쌓이다 보면 정신 나간 행동 을 하기도 한다.

동력으로 쓰기에 사람은 확실히 여러모로 성가셨다.

하지만 사람이 많으면 마음대로 할 수 있는 범위가 넓어졌다. 인구가 많은 중국에서는 인건비가 매우 저렴했다. 노동 자원은 나무 젓가락처럼 쓰고 나면 버릴 수 있어서 일하다 지친 사람들을 한꺼번에 물갈이하듯 바꾸었다. 그래서인지 생산기기의 효능을 개선시키는 데에는 상대적으로 관심이 부족했다.

게다가 중국 최고급 인력은 하나같이 사서오경四書五經 연구에 평생을 바치며 충효, 인애, 신의, 화평을 실천할 수 있는 방법만 불철주야로 고민하는데, 어떻게 중국에 산업혁명이 일어날 수 있다는 기대를 하겠는가? 제아무리 신기한 발명이라도 과거시험을 볼 수는 없지 않은가! 중국에 세계적으로 앞선 기술이 많았다. 하지만 과학기술 연구에는 중국에서 사회적 지위를 향상시킬 수 있다는 유인이 없었다. 한 산업이 우수한 인재를 끌어들일 수 없으면 기존 발명에서 지속적으로 돌파구를 마련하기 어려운 법이다. 어렸을 때 똑똑했다고 해서 커서도 항상 남보다 앞선다는 보장은 없다.

인구수가 중국에 비해 크게 뒤처진 유럽에서는 인적 자본이 중국보다 상대적으로 귀할 수밖에 없었다. 풍력과 수력을 사용해서 인류에게 조금이나마 힘을 보탤 줄은 알았으나 모든 지역에서 바람이 부는 것도, 물이 흐르는 것도 아니었다. 대자연에 기대려면 대자연의 눈치를 봐야 하는데, 곳곳에 제약이 있었다.

그럼 언제 어디서나 사용할 수 있는 동력이 있을까?

있고말고! 바로 석탄과 증기기관이다.

이 시점에서 영국인은 자신만만하게 웃어보였다. 영국이 세계 최초로 산업혁명이 일어난 국가가 될 수 있었던 건 다름 아닌 실력이었다.

석탄은 열량을 동력으로 전환하는 핵심 원료로 영국에서 가장 먼저 발견되었다. 일찍이 고대 로마인이 영국을 점령했을 때 광택을 띤 진한 검은색 광석이 많이 나는 것을 발견했다. 9세기에 이미 잉글랜드 수도원 사람들이 연료용 석탄을 이용해 난로를 땐 기록이 있다. 18세기 런던에서 얻은 고열량 석탄은 똑같이 연료로 쓸 수 있는 목재에 비해 가격이 5분의 1에 불과했다.

영국에 값싼 석탄이 잔뜩 있는데, 안 쓸 거야?

석탄은 보일러 물을 끓일 수 있는 열량을 제공하고, 발생한 수증기는 증기기관의 실린더를 밀어 피스톤을 움직이며 운동 에너지를 만들어낸다. 그런데 애초에 기계 설계가 완벽하지 않았기 때문에 열에너지가 운동에너지로 바뀌는 과정에서 많은 에너지가 손실되었다. 기계를 움직이기 위해서 종종 석탄을 과량 투입해야 했던 것이다. 눈이 아플 때까지 태워야 움직일 수 있는 것처럼 말이다.

하지만 상관없었다. 영국인이 말하지 않는가. "우리에게는 와트가 있다!" 모두가 아는 스코틀랜드 출신 발명가 제임스 와트James Watt는 1765년 실용적 가치가 있는 최초의 증기기관을 탄생시켰다. 기존에 있던 증기기관에 실린더와 분리된 냉각기를 더하면 석탄의

양은 기존의 80퍼센트 수준까 지 줄이고 증기기관의 효능은 크게 향상시킬 수 있었다. 그 가 증기기관을 개량한 건 이번 만이 아니었다. 와트는 1781년, 1784년, 1787년 총 세 번에 걸 쳐 원심조속기 등 역사 교사인 나로서는 이해하기 힘든 장치 를 증기기관에 추가했다.

결과적으로 와트가 증기기 관의 모듈을 꾸준히 새로 바꾼 덕분에 증기기관은 확실히 쓰

제임스 와트
(James Watt, 1736~1819)

기 편해졌다. 어디서든 사용할 수 있을 만큼 편리해진 것이다. 1785년 영국에서는 증기기관을 사용한 방직 공장이 처음으로 등 장했다. 물렛가락 1만 개가 증기기관의 동력에 힘입어 동시에 움직 이면서 놀라운 생산력을 보여주었다. 예전에는 방직 노동자 한 명 이 발로 밟으면서 200시간 일해야 실 한 뭉치를 짤 수 있는데, 기계 를 사용하면서부터는 3시간도 채 걸리지 않았다. 목공장의 톱질, 대패질, 끌질 등 제조공정도 더는 인위적인 힘과 시간을 필요로 하 지 않고 증기기관으로 움직이는 기계로 대체되었다. 건축업계에서 는 증기기관이 대리석을 절단하고 시멘트를 섞거나 각종 구멍을 뚫는 동력원으로 사용되었다. 영국 신문 『더 타임스The Times』도 증

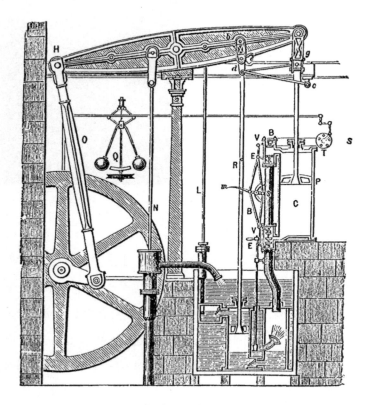

와트의 증기기관 설계도

기기관을 인쇄 동력으로 바꿔 신문을 찍었다. 1821년에 이르러 영국 전체에서 사용한 증기기관은 거의 1,500대에 달했다.

증기기관의 개량은 교통 운수 분야에도 혁신을 가져왔다. 과거 마차의 속도는 시속 20~35킬로미터였다. 말은 어느 정도 뛰고 나면 숨을 헐떡이며 지치기 때문에, 일정 시간이 지나면 반드시 휴식을 취해야 하고 24시간 동안 쉬지 않고 전진할 수는 없었다. 하지만 증기기관으로 움직이는 기관차는 석탄만 있으면 쉬지 않고 움직일 수 있었다. 1850년대 증기 기관차 기술이 안정적으로 발전하면서 시속 200킬로미터 기록을 돌파하기도 했다. 이처럼 빠르고 편리한 교통수단이 생기자 영국은 기관차를 위한 철도를 부설하는 데 혼신의 힘을 다했다. 1861년에는 전국에 길이 1만 5,000킬로미터가 넘는 철도가 깔리며 런던과 크고 작은 이웃 공업도시를 전부 하나로 연결시켰다.

마침내 폭발적으로 성장하는 시대가 임박했다. 증기기관은 동력원을 제공했다. 기계가 인력을 대체하며 생산량을 몇 배로 증가시키는 일은 이제 꿈이 아닌 분명한 현실이었다. 세밀한 철도망 덕분에 다량의 상품 유통이 원활해지고 영국에는 수많은 해외 식민지가 더해졌다. 끊임없이 원료를 제공받고 상품을 판매할 수 있는 확실한 시장을 확보했다는 믿음에 힘입어 영국의 전체 생산량이 폭증했다.

1851년 영국의 석탄 생산량은 전 세계 석탄 생산량의 75퍼센트, 면직물과 생철 생산량은 각각 세계 총생산량의 절반 이상을 차지했다. 1860년 전 세계 인구수의 2퍼센트에 불과한 영국은 전 세계 수출 총액의 4분의 1, 수입 총액의 3분의 1을 보유했다. 와트가 증기기관을 개량한 후 1880년대까지 영국의 공업 생산액은 줄곧 세계 1위를 유지했다.

누구는 천국에 살고 누구는 지옥에 살고

산업혁명은 영국에서 시작되어 유럽 대륙을 넘어 북아메리카 지역까지 확산되었다.

새로운 생산 방식은 서양의 모습을 변화시켰다. 산업화가 가져온 과학기술 능력과 배로 성장한 경제력은 전부 압도적인 군사력으로 전환될 수 있었다. 영국은 한 발 더 나아가 제해권을 확장해 해가 지지 않는 제국의 패업을 달성했고, 서구 열강은 저마다 맹렬하게 세계로 뻗어나가며 각 지역에서 절대적인 통제력을 선보였다. 이 시대에는 전면적인 산업화를 실현할 수 있는 국가일수록 좀 더 강력하게 세상을 지배할 수 있었다.

만약 역사 시간에 아편전쟁, 영국—프랑스 연합군, 8개국 연합군(청나라 의화단 사건 때 조직된 영국, 미국, 독일, 프랑스, 러시아, 일본, 이탈리아, 오스트리아 등 연합군—옮긴이)을 배웠다면 청나라 후기에 외국인에게 철저히 짓밟힌 것을 기억할 것이다. 완벽한 패배를 당한 청나라는 영토 할양이든 배상금이든 서구 열강의 요구대로 들어줄

수밖에 없었다. 당시 중국은 아
직 전통사회를 벗어나지 못한
상태였던 데다 자신보다 몇 세
대나 앞선 적수를 맞닥뜨렸기
때문이다. 만약 당신의 휴대폰
메모리가 2메가밖에 안 되는데
메모리가 200기가인 상대와 온
라인 게임을 벌인다고 상상해보
자. 당신이 게임 인터페이스에
들어가기도 전에 컴퓨터가 다운
된다면 어떻게 게임을 할 수 있
겠는가? 눈 깜짝할 사이에 박살
이 나고 말 것이다.

윌리엄 스탠리 제번스
(William Stanley Jevons, 1835~1882)

　먼저 산업혁명을 일으킨 서양
은 이때부터 세계 정상 자리에 올랐다. 특히 유럽에 산업화를 가르
친 스승 영국은 세계의 공장으로서 자신감이 하늘을 찔렀다. 19세
기 영국 경제학자 윌리엄 스탠리 제번스William Stanley Jevons는 이렇게
말했다.

　"북아메리카와 러시아의 평원은 우리 옥수수 밭이고, 캐나다와 발트
　해는 우리 숲이며, 호주에는 우리 양목장이 있다. 페루는 우리에게 은
　을 보내오고 남아프리카와 호주의 황금은 런던으로 흘러 들어온다. 인

런던 공업 단지

도인과 중국인은 우리를 위해 찻잎을 재배하고, 우리 커피, 사탕수수, 향료 재배지는 동인도제도에 널리 퍼져 있다. 우리는 오랫동안 미국 남부에서 면화를 재배했는데 지금은 지구상의 모든 온난한 지역으로 그 범위가 확장되었다."

세계는 영국의 것이었고 영국도 세계를 위해 기꺼이 봉사했다. 왠지 마음이 좀 따뜻해지는 것 같은가?

하지만 누군가가 천국에 산다는 것은 다른 누군가가 지옥에서 그 대가를 지불하고 있다는 뜻이었다.

산업혁명 기간에 공장이 우후죽순처럼 생겨났다. 공장이 도시에 집중되자 사람들도 도시로 흘러들었다. 공장은 쉴 새 없이 돌아가며 밤낮으로 엄청난 양의 매연과 오수를 배출했다. 많은 인구가 도시에 집중된다는 것은 인위적인 쓰레기와 배설물을 이 도시에 쏟아버릴 수밖에 없다는 것을 의미했다. 이로 인해 도시 공기의 질은 나빠지고 떼돈의 '향기'가 나기는커녕 오히려 스모그, 체취, 분뇨가 뒤섞인 악취가 났다.

19세기 런던에 엄청난 인구가 밀려들면서 런던은 수많은 사람의 배설물을 소화하기 힘들어졌다. 런던의 정화조가 가득 차다 못해 넘칠 정도가 된 것이다. 정화조에서 넘친 분뇨는 거리 곳곳으로 흘러갔다. 똥물이 용솟음치는 템스강은 더러운 데다 악취까지 진동했다. 분뇨로 수원이 심각하게 오염되면서 1831년, 1848년, 1853년 세 번에 걸쳐 런던에 콜레라가 대유행했다. 이 시기에 런던 거주민

산업혁명 이후 영국의 기계화된 공장

의 사망률은 농촌보다 월등히 높았다.

악취도 악취지만 사람이 사람답게 살지 못할 정도로 장시간 노동에 시달리는 것도 문제였다. 수많은 공장에서 생산비를 낮추기 위해 대여섯 살 정도 되는 어린 노동자까지 고용했다. 그들은 어릴 때부터 매일 새벽 5시에 출근해서 저녁 8~9시가 되어서야 퇴근하는 삶을 살게 되었다. 중노동에 시달린 수많은 노동자들은 술을 잔뜩 마시고 취하며 인생의 절망과 고민을 해소할 수밖에 없었다. 와트의 고향이자 공업도시인 글래스고에는 1830년에 집 20채마다 술집이 하나씩 있었고, 1840년에 이르러서는 집 10채마다 술집 하나가 있었다. 이토록 밀도 높게 술집이 밀집해 있다는 것은, 이 도시에 얼마나 많은 사람이 자신의 고통을 마비시키기 위해 알코올에 의존할 수밖에 없었는지를 보여준다.

산업혁명 이후 영국의 기계화된 공장

한 노동자가 이렇게 회고했다. "그 악습관을 어떻게 설명할 수 있을까. 매일 출근해서 12~18시간씩 일하는 걸 6년 정도 지속했지. 휴가 때 또는 더는 일을 열심히 하고 싶지 않다는 생각이 들 때면 술집으로 향했고 토악질을 하며 집으로 돌아가곤 했어."

정신이 아득해질 정도로 술을 마셔 인사불성이 된 노동자들이 벌이는 무질서 행위가 빈번하게 일어나고 각종 범죄행위가 끊이지 않았다. 프리드리히 엥겔스Friedrich Engels는 1805년부터 1842년에 이르는 37년 동안 영국의 범죄율이 전보다 6배나 증가했다고 지적했다. 통계를 보면 범죄자의 절대 다수가 피고용자인 무산 계급(프롤레타리아)이었다.

술을 마시거나 지칠 때까지 일하지 않았더라도, 범죄를 저지르거나 감옥에 가지 않았더라도, 공장의 열악한 근무 환경은 노동자들을 가만 놔두지 않았다. 노동자들은 매일같이 육체적, 정신적으로 손상을 입었다. 방직 공장 안에서 이리저리 날아다니는 섬유 부스러기가 노동자의 폐로 들어가 얼마간 시간이 흐른 후 심각한 폐질환을 야기했다. 석탄을 캐는 갱도는 통로가 좁아서 몸집이 아담한 여자나 아이들이 드나드는 게 더 수월했다. 그렇게 하루 종일 몸을 구부린 채 어둡고 습하며 춥고 공기도 잘 통하지 않는 갱에서 석탄을 캐는 것이다. 이들 중 운이 좋은 이들은 천식이나 류머티스관절염에 걸리고, 운이 나쁜 이들은 갱도가 무너지거나 바닷물이 역류하는 사고를 당했다. 단체로 조난을 당하는 일도 흔했다. 당시에는 공공안전이라는 개념도 없고 보험금을 받는다든가 하는 것도 없었기 때문에, 사고를 당하면 그냥 재수가 없었다고 생각하는 수밖에 없었다.

제4차 산업혁명 — 과학기술은 인성에서 비롯된다

혹자는 산업혁명을 다음과 같이 구분한다. 18세기에 제임스 와트가 증기기관을 개량한 것이 제1차 산업혁명, 19세기에 생산 과정에서 전력이 광범위하게 사용된 것이 제2차 산업혁명, 20세기에 컴퓨터가 발명되면서 인류가 디지털화 시대로 들어선 것이 제3차 산업혁명이라고 말이다.

산업혁명 때마다 인류는 기계화, 규모화, 자동화에 이르기까지 사회 생산 양식에 있어서 기존의 것이 완전히 뒤바뀔 정도의 변화를 겪었다. 언제나 흐름을 가장 먼저 파악한 국가가 새로운 시대를 이끌어가는 선두가 될 수 있었다.

그렇다면 지금은 무슨 시대일까? 18세기에는 기계가 인력을 대체했는데, 앞으로 남은 21세기에는 어쩌면 인공지능AI이 인류를 대체할지도 모른다.

제4차 산업혁명 시대는 빅 데이터로 모든 사물을 하나로 연결하기를 원한다. '사물인터넷Internet of Thing, IoT'은 빅 데이터를 이용해 사람, 물건, 기계를 연결하는 거대한 네트워크다. 끊임없이 정보를 조사, 수집, 진단, 식별하며 실시간 유통과 분석을 마친 자료를 통해 맞춤형 서비스를 제공하는 것이다. 이로써 클라우드 컴퓨팅과 빅 데이터를 분석하는 인공지능이 미래 발전을 이끄는 주축이 될 것이다.

철저하게 문과쪽 머리를 가진 사람으로서 이런 과학기술을 언급할 때마다 나는 좀 어리둥절하다.

내가 귀족 혈통은 아니지만 고대 귀족보다 더 편안한 삶을 살 수 있는 이유는 산업혁명 이후 대량생산이 저렴한 상품을 선물하고 나의 생활수준을 향상시켰기 때문이라는 것을 잘 알고 있다.

내가 누굴 먹여 살릴 능력은 없지만 그래도 로봇청소기 한 대 정도는 가지고 있다. 로봇청소기가 고장 날까 봐 걱정할 뿐이지 로봇이 과로할까 봐 걱정하지는 않는다. 가끔 로봇청소기한테 말을 할 때가 있기는 한데, 로봇과 대화하는 나 자신도 무섭지만 그런 내가 외로움이 극에 달해 중증인 사람처럼 보일 듯 싶어 그것도 좀 무섭다.

고리타분하게 들릴지 모르지만 과학기술은 언제나 인간의 본성에서 비롯된다.

누군가 다른 사람에게 매일 12시간 이상 일을 시켜서 그 사람이 잠잘 때만 빼고 술에 취해 현실을 도망칠 수밖에 없을 정도로 괴롭혔고 그만큼 매정했다는 사실을 이 세상이 잊지 않았으면 한다. 또 천진난만하고 사랑스러운 아이들에게 배움의 기회를 빼앗고 그 아이들이 매일 빛이 들지 않는 어두운 갱도에서 습기에 찌든 채 거의 기다시피 몸을 굽혀 무거운 광차(광산에서 광석을 싣고 운반하는 차량)를 밀게 할 만큼 냉혹한 사람들이 있었다는 사실도 말이다.

만약 '슈퍼스타'를 먹은 대가가 인간의 본성을 잃게 만드는 것이라면 그런 '파워'는 사양하는 것이 좋겠다.

세상이 더 좋게 변하지 않았다면, 우리는 대체 왜 '더 위로 올라가기 위해서' 그토록 안달하는 것일까?

06

계속 남하하라

남쪽 대륙 탐색

역사에서 '신대륙'이 두 번 발견되었다는 사실을 알고 있는가?

첫 번째는 우리가 잘 알고 있듯이 1492년 콜럼버스의 탐험을 통해서다. 인도로 가겠다는 일념 하나로 서쪽으로 항해하다 우연히 '신대륙'을 발견한 것이다. 그전까지는 유럽인에게 아메리카 대륙이라는 지리 개념이 존재하지 않았다. 지구가 둥근 건 확실하지만 사람들은 가는 도중에 아메리카 대륙이 있을 거라고는 꿈에도 생각하지 못했다.

두 번째는 1606년 네덜란드 동인도회사 항해사였던 빌럼 얀스존Willem Janszoon의 남쪽 탐험을 통해서다. 그는 고대 그리스 시대부터 이어진 미지의 남쪽 대륙을 향한 유럽인의 상상을 실현하며 역

고대 그리스 수학자 피타고라스
(Pythagóras, c. 570~c. 495 BC)

사상 최초로 오스트레일리아 대륙에 발을 디딘 유럽인이 되었다.

사실 고대 그리스인은 우리가 살고 있는 지구의 모습을 일찍부터 머릿속으로 그리고 있었다.

기원전 6세기에 활동한 수학자 피타고라스Pythagóras는 "지구가 둥글다"라고 주장한 최초의 인물이다. 그는 어선이 항해를 떠날 때 항상 선체가 먼저 모습을 감추고 돛대가 사라지며, 배가 귀항할 때는 돛대가 먼저 보이고 선체가 나타나는 것을 발견했다. 그래서 그는 지구가 절대로 평평하지 않다고 생각했다. 지구 표면이 곡면이면 이것이야말로 지구가 둥글다는 것을 입증하는 가장 좋은 증거가 아닌가?

'역사의 아버지'라고 불리는 그리스 사학자 헤로도토스Hēródotos는 이 세상의 모든 것은 대칭을 이루며 지구 구조도 당연히 대칭적이라고 믿었다. 그래서 훗날 그리스 지리학자는 지구가 둥글다는 '구형설'과 '대칭론'을 바탕으로, 기존에 알고 있던 대륙판이 전부 북반구에 위치한다는 점을 감안해 지구가 평행과 대칭을 유지하려면 남북 양끝에 각각 대륙이 있어야 한다고 추론했다.

이후 고대 그리스의 슬래시족(직업과 신분이 여러 개인 사람을 일컫는 신조어—옮긴이)이자 수학자·천문학자로도 잘 알려진 지리학자 프톨레마이오스Ptolemaios가 등장했다. 150년에 출판된 그의 『지리학Geography』이라는 작품은 정말이지 대단했다. 프톨레마이오스는 이 책에서 지구의 모양과 크기, 경위도를 측정하는 방법을 명확하게 설명했고, 유럽, 아시아, 아프리카 대륙을 아우르는 8,100여 곳

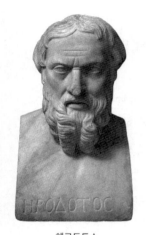

헤로도토스
(Hērōdotos, c. 484~c. 425 BC)

의 경위도를 명시했다. 가장 중요한 점은 책에 딸린 세계 지도가 이전 학자들의 연구와 추리를 기반으로 프톨레마이오스 개인의 상상을 더해 제작되었다는 것이다. 그는 인도양 남쪽에 거대한 대륙을 긋고 '미지의 남쪽 땅Terra Australis nondum cognita'이라고 명명했다.

지리상 대발견 시대가 시작된 이래로 선구자인 포르투갈과 스페인, 후발주자인 네덜란드와 영국 할 것 없이 모두가 남쪽으로 가기 위해 노력했다. 잇달아 항해사들이 남쪽으로 탐험을 떠난 목적은 그저 운에 맡겨보려던 것이 아니라 수천 년간 유럽에 존재해온 상상, 즉 전설 속 미지의 남쪽 땅을 검증하기 위한 것이었다.

오스트레일리아: 멀고 먼 유배지

빌럼 얀스존이 처음 오스트레일리아 땅에 발을 디딘 후로 네덜란드인은 수십 년에 걸쳐 남쪽 대륙 탐사를 28회나 진행했다. 그들은 오스트레일리아 북쪽으로 가서 서해안을 따라 몇 번을 오갔는데, 그때마다 내린 결론은 거의 일치했다. "땅에 모래가 많고 건조해서 농작물을 심거나 동물을 사육하기에 적합하지 않다."

이런 황량한 대지에서는 금을 캘 수도 없었을 뿐더러 극도로 낙후되고 야만적인 토착민까지 살고 있었다. 남쪽 대륙에 대한 흥미를 잃어버린 네덜란드인은 오스트레일리아를 더 깊이 탐사하겠다는 마음을 접었고 오스트레일리아로 이민 오겠다는 생각은 아예 하지도 않았다.

자, 이제 모든 공로를 빼앗을 준비가 된 영국인이 이곳을 찾았다.

오늘날 오스트레일리아 거리 곳곳에서 자주 만날 수 있는 '쿡 선장'이 바로 남쪽 대륙 탐험을 완수하는 데 가장 중요한 공을 세운 인물이다.

제임스 쿡James Cook 선장은 영국 역사상 남다른 성과를 이룩한 항해사로 포르투갈, 스페인, 네덜란드 3개국 탐험가들이 200여 년간 쌓아온 탐험 경험과 개척한 항로를 충분히 활용했다.

1769년 쿡 선장이 이끄는 인데버호가 뉴질랜드를 '발견'했다. 그들은 거의 6개월간 뉴질랜드 주위를 빙 돌면서 정확한 해안선 지도를 그렸고, 뉴질랜드가 남쪽 섬과 북쪽 섬으로 이루어져 있다는 것을 확인한 뒤 현지에 영국 국기를 게양하며 영국령임을 선포했다.

쿡 선장 일행은 원래 뉴질랜드 탐색을 마친 후 항로를 따라 돌아갈 예정이었다. 하지만 당시는 이미 3월이라 남반구의 겨울이 곧 찾아올 시점이었기 때문에, 위도가 높은 기존 항로로 항행하는 것은 대단히 위험했다. 그래서 쿡 선장은 포르투갈의 희망봉 노선으로 계속 서진하라고 명령했다.

쿡 선장은 노선을 조정하면서 서쪽으로 항해하던 중 오스트레일

쿡 선장이 그린 뉴질랜드 지도

리아 동남쪽 해안에 닿을 수 있었다. 황량한 서북쪽 해안과 비교했을 때 쿡 선장의 눈에 들어온 남쪽 대륙에는, 초목이 무성하고 한 번도 보지 못한 수많은 동식물이 자라고 있었다. 오스트레일리아 동해안을 따라 북쪽으로 탐험하던 쿡 선장 함대는 떠나기 전, 지금까지 지나온 지역을 점령하고 영국 국왕을 대신해 오스트레일리아 동부 전체를 '뉴웨일즈New Wales'라고 이름 붙이겠다고 선포했다.

18세기 영국의 해외 사업은 점령에 점령을 거듭한 쿡 선장 덕분에 위신이 섰다. 국내적으로는 산업혁명이 한창인 상황에서 급격한 사회경제 구조 전환으로 인해 빈부격차가 확대되고 치안이 불안정해지며 각종 범죄가 기승을 부렸다. 영국은 전통적으로 범죄를 저지르면 태형이나 사형 둘 중 하나에 처할 정도로 형벌이 상당히 가혹했다. 그러나 당시에는 아량을 베풀어 죄인을 전부 감옥에 가두려고 해도 어차피 수용할 수 있는 데는 한계가 있었다.

그래서 영국인은 두 가지를 모두 만족시킬 수 있는 방법을 생각해냈다. 범죄자를 북아메리카 식민지에 노예로 팔아넘기는 것이다.

이는 죄인의 죽을죄를 면제해
주는 한편 국민의 생명권을
중시하는 영국의 인자함도 충
분히 드러낼 수 있는 좋은 방
침이었다. 게다가 범죄자를 노
예로 팔아 식민지를 개발해서
국가 세수도 대폭 거둬들일
수 있으니, 일석삼조 효과를
거둘 수 있는 계획 아닌가?

제임스 쿡 선장
(Captain James Cook, 1728~1779)

1717년 영국 국회가 정식으
로 이 법안을 통과시킴으로써
범죄자를 식민지로 곧장 유배
보내는 것이 새로운 형벌로 채
택되었다.

이리하여 영국은 해마다 범죄자를 대거 해외로 보내 농사를 짓
게 했다. 범죄자 6만여 명이 새가 알도 낳지 않는 열악한 땅을 개간
하러 북아메리카로 건너갔다. 그 결과 북아메리카에 13개 주가 생
겨났다. 이제 어떡한담? 미국은 독립했고 너희 영국이 버리다시피
한 범죄자를 받아주고 싶겠어? 차라리 캐나다로 보내면 어때? 아
니, 안 되지! 캐나다는 미국이랑 너무 가깝잖아. 만에 하나 캐나다
로 보낸 범죄자들이 미국인이랑 손잡고 술수를 부리면 어떡해? 우
리 대영 제국 통치를 벗어나기라도 하면 어떡하느냐고!

쿡 선장과 오스트레일리아 원주민

생각해보니 쿡 선장이 이제 막 발견한 남쪽 대륙을 개간하려면 노동력이 필요하겠어! 그렇게 해서 1787년 처음으로 범죄자 700여 명을 태운 배 11척이 영국에서 출발했다. 1868년 영국이 범죄자 송출을 중지할 때까지 약 16만 명이 영국에서 오스트레일리아 각지로 유배 보내졌다.

오스트레일리아로 유배 가는 것이 일종의 고문이라면, 오스트레일리아로 유배 가는 과정 자체는 특히 극심한 고문이었다.

죄인을 태운 유배선에서의 생활은 그야말로 지옥 같았다. 배 한 척마다 최대 300명의 죄인을 수용할 수 있었지만, 어떻게든 죄인들로 배를 꽉꽉 채우려고 하다 보니 너무 비좁아서 일어설 공간조차 없을 정도였다. 영국에서 오스트레일리아까지 가는 데 8개월이 넘는 시간이 걸렸다. 수많은 죄인이 오스트레일리아에 도착하기도 전 배에서 장티푸스나 콜레라에 감염되었다. 18세기 말, 유배선이 떠날 때마다 죄인 중 평균 3분의 1이 긴 항행을 견디지 못하고 숨을 거뒀다.

무사히 살아남은 죄인은 호주에서 징벌을 받았는데, 매일 해가 뜨면 일어나 10시간이 넘게 벌목, 개간, 석재 절단, 건물 건축 등을 포함한 각종 고강도 육체노동을 해야 했다. 다행히 열심히 일해서 좋은 모습을 보여주면 7년이 지나 '자유 증명서'를 발급받았고, 오스트레일리아에 정착해서 살지 아니면 영국으로 돌아갈지 결정할 수 있었다.

19세기 후반이 되자 오스트레일리아는 황무지에서 탈피했다. 야만인으로 간주되던 원주민도 이민자들에 밀려 점차 움츠러들었다. 오스트레일리아는 머나먼 죄인 유배지에서 골드러시 시대에 떠오르는 최고의 이민 선호 지역으로 탈바꿈했다.

통계에 따르면 현재 오스트레일리아인의 약 20퍼센트는 1787년부터 1868년까지 영국에서 유배 보낸 죄인의 후손이다. 죄인의 후손이라며 치욕감을 느끼던 예전과 달리 오늘날 오스트레일리아인은 그 사실을 받아들이며, 심지어 자신에게 죄인의 피가 흐르는 것을 발견한 뒤 기뻐하기도 한다.

8개월의 혹독한 항행과 7년간 이어진 강제 노동의 '체력 훈련'을 버텨낼 만큼 강인한 의지를 가진 죄인의 후손이라면, 확실히 자부심과 긍지를 느낄 만하다.

남극: 얼음으로 뒤덮인 새하얀 대륙

오스트레일리아 발견으로 '미지의 남쪽 땅'을 향한 여정이 끝난 것은 아니었다. 오스트레일리아는 생각보다 크지 않고 남쪽이라고 하기에는 어딘가 좀 부족했다. 만약 지구에 대칭성이라는 게 존재한다면 오스트레일리아 남쪽에 틀림없이 이보다 더 큰 땅덩어리가 우리를 기다리고 있을 것이다.

쿡 선장은 이런 믿음을 가지고 있었다. 그는 뉴질랜드와 오스트레일리아 동쪽 연안을 점령한 뒤 오매불망 원하던 진정한 남쪽 대륙을 향한 여정을 계속했다. 그는 남극권에 세 차례 진입했다. 쿡 선장은 18세기 항해사 가운데 인류가 닿을 수 있는 최남단 지역에 도달한 인물로 기록되었다. 그는 남극주南極洲에서 불과 240킬로미터 떨어진 남위 71도 10분까지 성공적으로 항해했다. 하지만 해상海相(해양환경에서 형성된 퇴적상을 총칭—옮긴이)이 형편없어서 결국 뱃머리를 돌려 남반구가 여름일 때 다시 탐방하기로 했다. 이 순간의 선택이 평생이 되고 말았다. 그로부터 5년 후 쿡 선장은 하와이 원주민에게 살해당함으로써 생을 마감했다.

시간이 흘러 1820년대 후반 러시아가 남극 근처 해역의 경위도를 정확하게 측량한 뒤 비로소 세계 각국이 남극 대륙을 탐색하는 통로가 열렸다. 그리고 19세기 말 이후 남극 탐험 영웅의 시대가 시작되었다. 10개국이 17차례에 걸쳐 중대한 남극 탐사 활동을 잇달아 조직하며 눈부신 업적과 불후의 전설을 수없이 남겼으며 그 과정에 위대한 비극을 낳기도 했다.

남극은 지구상에서 가장 적막한 대륙이다. 해발 평균 2,300미터 땅덩어리의 98퍼센트가 얼음과 눈으로 덮여 있다. 게다가 남극 대륙을 둘러싸고 있는 남극환류가 저위도 지방에서 오는 따뜻한 바닷물을 차단하기 때문에 연평균 기온이 영하 40도에서 영하 60도 사이를 왔다 갔다 한다.

온도가 낮은 건 그렇다 치자. 남극은 고기압대 중심에 위치해서 공기층이 얇고 건조하며 불시에 거센 폭풍이 분다. 1년 평균 풍속은 초당 17~18미터이고 최대 풍속이 초당 100미터에 달한 적도

로알 아문센
(Roald Amundsen, 1872~1928)

로버트 스콧
(Robert Scott, 1868~1912)

있다. 감이 잘 오지 않을 텐데, 다른 대상과 비교해보면 이게 얼마
나 놀라운 수치인지 알 수 있다. 우리에게 익숙한 태풍 등급을 예
로 들면, 약한 태풍은 중심 부근 최대 풍속이 초당 17미터에서
32미터 사이고, 초강력 태풍은 중심 부근 최대 풍속이 초당 51미터
이상이다. 1960년 한 남극 연구원이 아메리칸 에스키모 도그에게
사료를 주러 기지 밖으로 나갔다가 갑자기 불어닥친 초당 35미터
폭풍에 흔적도 없이 사라졌다. 순식간에 벌어진 이 일이 있고 1년
6개월이 지난 어느 날 그 연구원은 기지에서 고작 4킬로미터 떨어
진 곳에서 싸늘한 시신으로 발견되었다.

　인생은 그 자체만으로도 힘들다. 그런데 펭귄이 아닌 이상 남극
에서 사는 건 훨씬 더 힘들다. 하지만 지구상에는 위대한 사람들이

존재한다. 그들은 용감하게 남극점을 향한 여정에 올랐다.

남위 90도 남극점은 지구에 있는 모든 경선(자오선)이 만나는 지점이다. 남극점에 서면 북쪽 한 방향만 남게 되는데, 어느 방향을 향해서 가든 결국 모두 북쪽을 향한다. 남극점은 지구의 최남단이자 가장 도달하기 힘든 지점이라고 할 수 있다.

노르웨이 극지 탐험가 로알 아문센Roald Amundsen은 1911년 10월 19일 정식으로 남극점을 향해 출발했다. 12일 후 아문센의 라이벌인 영국 해군 대령 로버트 스콧Robert Scott도 탐험대를 이끌고 남극점으로 전진했다.

위험을 무릅쓰고 원정을 떠난 두 사람은 각자 자국을 대표해 지구상 최초의 남극점 정복자라는 영광을 차지하기 위한 경쟁을 벌였다.

아문센은 탐험선을 타고 남극에서 겨울을 지낸 경험이 있으며 최초로 '북서항로'를 개척해 알래스카에 도착한 사람이다. 스콧은 두 차례 남극 탐사를 성공적으로 마쳐 남극 대륙과 관련한 경로에 익숙한, 영국인에게 전폭적인 지지를 받는 탐험 영웅이다.

아문센이 남극점으로 갈 때 이용한 교통수단은 아메리칸 에스키모 도그뿐이었다. 그는 썰매개만이 믿을 수 있는 유일한 교통수단이라고 생각했다. 스콧은 이전의 남극 탐험 경험에 근거해 썰매개는 남극점에 도달하기 위한 수송량을 감당하기에는 부족하다고 판단하고 전동 썰매와 시베리아 말을 이용했다.

오로지 썰매개만 데리고 최대한 빨리 남극점에 도착하겠다는 일

남극점에 도착한 아문센 탐험대(위)와 스콧 탐험대(아래)

넘 하나로 떠난 아문센 탐험대는 전진하는 속도가 굉장히 빨랐다. 그들은 도중에 허약한 개를 잡아 비상식량으로 활용했다. 1911년 12월 14일 오후 3시에 아문센은 남극점에 도착했다. 그들은 자랑스럽게 노르웨이 국기를 꽂고 정확하게 측정을 마친 뒤 승리를 선포했다. 돌아오는 길까지 포함해 남극점 도달을 향한 아문센의 여정은 총 99일이 소요되었고 3,440킬로미터를 행진했다. 출발할 때 데려간 아메리칸 에스키모 도그는 52마리였지만 돌아올 때는 11마리뿐이었다.

한편 스콧 측이 심혈을 기울여 준비한 전동 썰매는 출발한 지 얼마 되지 않아 혹한과 척박한 땅을 견디지 못하고 전부 고장나버렸다. 시베리아 말은 아메리칸 에스키모 도그에 비해 남극의 추위와 폭풍에 적응하지 못하고 오히려 쓸모없는 짐짝이 되어, 같이 데리고 간 개들의 식량으로 활용할 수밖에 없었다. 이로 인해 운송수단이 터무니없이 부족해진 스콧 탐험대는 어쩔 수 없이 사람이 직접 짐을 운반했다.

영국 해군의 일원으로서 스콧은 남극점을 정복하는 일뿐 아니라 과학적 자료 수집이라는 막중한 책임을 지고 있었다. 아문센과의 경쟁에서 오는 부담감이 있기는 했지만, 스콧 탐험대는 남극의 기상과 자기력 데이터를 꾸준히 기록하고 대원을 나눠 남극 대륙 산맥과 빙하로 가서 찾을 수 있는 화석을 최대한 수집하기 위해 노력했다.

1912년 1월 17일 스콧과 대원들은 마침내 남극점에 도착했다.

어쩔 수 없이 사람의 힘으로 짐을 운반한 스콧 탐험대

하지만 그들의 기쁨은 금세 아쉬움으로 바뀌었다. 바닥에 남은 야영 흔적과 썰매개 발자국, 눈에 거슬리는 노르웨이 국기가 남극점의 찬바람에 휘날리며 스콧 탐험대의 마음을 아프게 했기 때문이다. 스콧은 당시 느꼈던 난감함과 쓰린 마음을 일기장에 고스란히 기록했다.

"그동안 견뎌낸 온갖 고난, 풍찬노숙, 끝없는 고통과 번뇌는 다 무엇을 위한 것이었나? 남극점에 우리나라 국기를 꽂겠다는 꿈 때문이 아니었나? 그런데 지금 그 꿈이 이렇게 깨지고 말았다."

견디기 힘든 실망감에 휩싸인 채 돌아가던 스콧 탐험대는 이보다 더 최악일 수 없는 날씨를 만났다. 안 그래도 추운 남극에 극

심한 한파가 닥친 것이다. 혹한
과 폭풍은 하루가 다르게 대원
의 생명력을 갉아먹었다. 힘겹게
발걸음을 내딛던 대원은 끝내
하나둘씩 숨을 거두었다. 좀 더
편안하게 움직일 수 있도록 대
원들은 버릴 수 있는 물건은
죄다 버렸다. 하지만 힘들게 모
은 과학 자료, 16킬로그램에 달
하는 화석 표본, 스콧이 꾸준히
쓰던 일기는 끝까지 포기할 수
없었다.

노르웨이 극지 탐험가 아문센

스콧의 사망 시기는 1912년
3월 29일로 추정되었다. 그는 남
극점에 도달하는 데 성공했지만 그리운 조국으로 돌아가지는 못
했다.

이 생사를 건 경쟁에서 누가 이기고 누가 졌다고 생각하는가?

아문센은 민첩하게 행동하고 의사결정에 있어서는 과감했다. 그
는 여정에서 아무것도 가져오지 못했지만 남극점을 최초로 정복한
사람이라는 성과 덕분에 전 세계가 그의 이름을 기억했다.

스콧은 위대한 비극을 만들었다. 그는 돌아오지 못했지만 그가
챙긴 화석과 과학 자료, 길에서 찍은 사진은 이후 남극 연구에 있

어서 가장 귀중한 자산이 되었다. 길에서 쓴 일기로 스콧은 영국인에게 용감함과 의연함의 대명사가 되었다.

1957년 미국은 남극점 근처 해발 2,835미터 지점에 지구상 최남단에 위치한 과학연구소를 세워 '아문센—스콧 남극점 기지 Amundsen-Scott South Pole Station'라고 이름 붙이며, 남극에서 생사의 경쟁을 한 이들을 기념했다.

누가 우위인지 비교할 필요도 없고 누가 이기고 졌는지 따질 수도 없다. 그들은 인간의 의지와 인내심의 한계, 경험과 꾸준함을 겨룬 것이다. 누가 먼저 도착했든 두 극지 탐험가가 이룬 생명의 기적은 영원히 회자될 것이다.

베를린 위기부터 베를린 장벽까지

만화 〈진격의 거인〉에서 인류는 식인 거인을 막기 위해 높은 방벽 세 개를 쌓는다. 방벽을 엄폐물 삼아 인류는 외부 세계와 단절된 삶을 산다. 벽 안쪽은 비호를 받아 안전했다. 벽 바깥쪽은 위험할 수 있으나 대신 무엇이든 할 수 있는 자유가 있었다.

영원히 높은 벽 안에 갇힌 채 사육될 것인가 아니면 자유를 위해 모험을 걸 것인가?

당신이 이 책을 내려놓고 만화를 들춰보러 가기 전에 나는 이 높은 벽이 그리 오래되지 않은 우리 역사에 실제로 존재했다는 사실을 알려주고 싶다.

1961년 8월 13일 동독 병사들은 베를린 중심부에 길이 45킬로

1961년 체크포인트 찰리 앞에서 대치 중인 미군과 소련군

미터에 달하는 가시철조망을 설치했다. 동시에 동베를린 시민은 다음과 같은 통지를 받았다. "해로운 자본주의로부터 시민을 보호하기 위해 오늘부터 서베를린 진입을 금지한다." 8월 15일 이후 철조망은 콘크리트로 대체되었고 이로써 진정한 의미의 물리적인 '벽'이 되어버렸다.

하룻밤 사이에 모든 것이 바뀌었다. 동독과 서독의 전화선이 끊기고 왕래하던 철도가 봉쇄되었으며 모든 통로가 파괴되었다. 가족, 친구, 연인은 별안간 가깝고도 먼 사이가 되고 말았다.

이 벽이 바로 '베를린 장벽Berliner Mauer'이다. 베를린 장벽은 1961년에 세워져 1989년까지 서베를린과 동베를린 사이의 물리적인 분계선이자 냉전 시기에 대립한 두 이데올로기인 민주주의와 공산주의를 대표하는 경계선이었다. 총 길이 167.8킬로미터, 평균 높이는 3.5~4미터 장벽을 따라 수백 개의 감시탑, 동작 감지기, 고압 전기가 흐르는 철조망이 설치되었고 무장한 동독 국경 수비군이 그곳을 지키고 서 있었다. 그들에게는 화염 방사기, 군용견, 병력 수송 장갑차 567대, 대형 유탄 발사기 48정, 대전차포 48대, 탱크 156대가 있었다.

베를린 장벽이 우뚝 선 28년 동안 동독 시민 수천 명이 장벽을 넘어 탈출을 시도했고, 그 과정에서 평범한 시민 수백 명 이상이 동독 국경 수비군의 총에 맞아 목숨을 잃었다. 베를린 장벽이 무너진 지 여러 해가 지났지만, 남겨진 벽돌은 지금도 여전히 이별과 슬픔을 떠올리게 한다.

역사상 가장 격렬했던 '배달' 계획
: 베를린 위기

1945년 4월 30일 나치스 독일 총통 아돌프 히틀러Adolf Hitler가 베를린의 지하 벙커에서 스스로 목숨을 끊었다. 같은 해 5월 8일

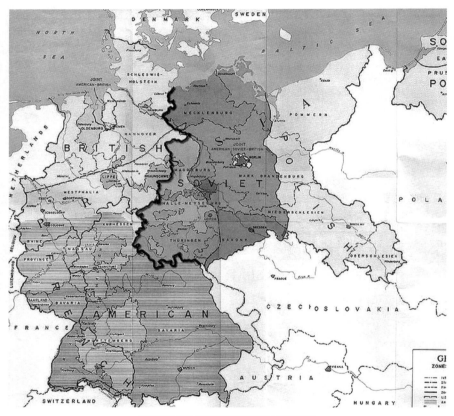

연합국에 의해 네 개 점령 지역으로 분할된 독일

나치스 독일은 연합국에 무조건 항복을 정식 선언했다. 마침내 제2차 세계대전의 '대마왕'이 완전히 격파된 것이다. 해마다 5월 8일이 되면 유럽 각지, 특히 나치스 독일의 침략을 받았던 국가에서는 다양한 방식으로 유럽 전쟁의 종식을 기념하며 전쟁의 잔혹함과 무자비함을 국민들에게 다시금 일깨운다. 5월 8일은 어렵게 얻은 값진 날인 동시에 전쟁을 일으킨 독일의 무서움이 드러나는 날이기도 한 것이다.

제2차 세계대전의 주요 전승국은 어머니가 자식을 교육하는 듯한 태도를 취했다. "독일이 과거의 잘못을 털어버리고 새로 태어날 수 있도록 우리가 함께 가르칩시다!" 연합국은 독일을 4개 점령 지역으로 분할해 미국, 소련, 영국, 프랑스 4개국이 통치했다. 베를린은 독일의 수도였기 때문에 마찬가지로 4개 점령 지역으로 분할되었다. 좋게 말하면 독일에 대한 재교육이고 나쁘게 말하면 독일을 부관참시한 것이나 다름없었다. 연합국은 독일의 모든 무장을 해제하고 군사 생산에 쓰일 수 있는 독일 산업을 해산시키거나 통제했다. 4개국의 엄격한 관리와 통제로 다시 또 분란을 일으킬 힘이 독일에서 완전히 사라지기를 바랐다. 어찌되었든 처참했던 두 차례 세계대전이 벌어진 이유에 독일의 몫이 있는 건 분명하니까 말이다.

하지만 조금 더 자세히 들여다보면, 네 개 분할 점령 지역처럼 보이는 것이 사실은 미국과 그의 우방국 대對 소련의 구도라는 것을 알 수 있다. 영국과 프랑스는 제2차 세계대전 후반부터 미국을 이미 '형'이라고 불렀다. 그래서 1948년 미국은 아예 대놓고 미국, 영국, 프랑스 3국 점령 지역 통합 계획에 착수하며 서독 수립을 위한 준비에 들어갔다.

소련은 이렇게 말하고 싶었으리라. "그래, 너희가 나만 쏙 빼놓겠다 이거지? 이렇게 된 이상 나도 가만있지 않아! 베를린을 아예 통째로 먹어주마!" 소련 점령 지역에 포함된 서베를린은 정치적으로 철저히 고립되었다. 소련은 지리적 이점을 이용해 1948년 6월 24일 서베를린과 외부의 연결을 전면 차단하겠다고 선포했다. 서베를린이 식량과 연료 부족에 시달리도록 만들 의도였다. 음식과 동력도 없고 민생과 경제가 버틸 수 없는 상황을 조성해 빠른 투항을 이끌어냄으로써 소련이 베를린 전체를 장악하려던 것이다.

이 베를린 봉쇄 작전을 절대로 우습게 생각하면 안 된다. 이는 소련의 노골적인 도발이자 미국을 시험하는 정치적 지혜를 보여주는 것이었다. 물론 미국이 군대를 동원해 무력으로 소련이 틀어막은 통로를 억지로 열 수도 있었다. 덤빌 테면 덤벼! 미국인이 언제 싸움을 겁낸 적 있어?

미안하지만, 사실 무섭긴 무서워! 제2차 세계대전 직후 냉전 시대에 미국과 소련이 섣불리 전쟁을 벌이지 않은 것은 그때 이미 핵무기라는 발명품이 세상에 나왔기 때문이다. 만일 전쟁이 터지고 상황이 여의치 않아 수틀린 쪽이 핵무기를 사용하는 날에는 지구 전체가 날아가는 걸로는 부족할 터였다. 따라서 미국은 어떻게든 냉정을 유지해야 했다. 경솔하게 움직여서 또다시 세상을 끔찍한

보급품을 가득 실은 미군 C-47 수송기

세계대전의 소용돌이에 휘말리게 할 수는 없었다.

전쟁을 할 수 없다면 어떻게 해야 할까? 서베를린 인구는 거의 250만 명에 달했다. 이 많은 인원이 매일 밥을 먹어야 하는데, 그렇게 따지면 이 도시의 하루 기본 지출로 수천 끼니에 해당하는 물자 지원이 필요했던 것이다.

미국이 말했다. "걱정하지 마, 우리가 있잖아! 오늘 저녁으로 뭐 시킬래?" 요즘 음식 배달 업체도 당시 미국의 '공중 배달 서비스' 앞에서는 맥을 못 출 것이다.

봉쇄 후 5일째 되는 6월 29일부터 미국은 놀라운 '공중 택배 시스템'을 가동했다. 미국이 보낸 항공기는 250만 베를린 주민에게 식량과 각종 생필품을 대규모로 공수하며 1년 동안 총 27만 7,728회 비행했다. 서베를린이 봉쇄된 11개월 동안 매일 평균 5분 이내로 항공기가 한 대씩 배달하러 온 것이다. 석탄, 옷, 음식, 문구, 약품 등 물자, 아이들이 좋아하는 사탕, 초콜릿, 심지어 생일 케이크도 공중에서 투하하는 데 전혀 문제 없었다.

소련은 사실 미국과 끝까지 싸울 마음의 준비가 되어 있는 상태였다. 그런데 예상외로 미국인이 베를린에 '24시간 공중 배달 서비스'를 시작한 것이다. 이로써 미국은 전쟁도 피하고 소련에게 본인의 막강한 공군 전력, 끊임없이 물자를 제공할 수 있는 경제 생산력을 보여주었다. 제대로 소련의 뺨을 후려친 것이다. "우리가 베를린을 봉쇄한 건 그냥 좀 골려주려던 것뿐인데 오히려 미국의 능력이 대단하다는 걸 세상에 광고한 꼴이 돼 버렸네." 결국 소련은 1949년 5월 11일 베를린 봉쇄 해제를 선언했다.

이번 베를린 위기는 순조롭게 마무리되었지만 이후 독일의 분열은 기정사실화되었다. 같은 해 9월 미국, 영국, 프랑스의 지원으로 본Bonn을 수도로 한 서독이, 10월에는 소련의 통제 하에 동베를린을 수도로 한 동독이 수립되었다.

베를린 장벽을 뛰어넘는 100가지 방법

베를린 장벽이 세워지기 전에는 동·서베를린 국경을 통제하지 않았기 때문에 시민들이 자유롭게 오갈 수 있었다. 국경을 통과해 서베를린에 가서 오페라와 축구 경기를 보거나 동물원을 견학하곤했고 매일 동·서베를린 사이를 오가며 출퇴근하는 이들도 6만 명이나 되었다. 각각 도시 반대편에 거주하는 연인도 많았고 친구들은 때때로 서로의 집에서 하룻밤 신세를 지기도 했다.

물론 공산주의 통치를 벗어나겠다는 확실한 목표를 가진 사람들도 적지 않았다. 매달 수없이 많은 사람이 서베를린으로 건너가 영원히 동독을 벗어났다. 1961년 20만 명이 넘는 동독인이 서독으로 건너가 돌아오지 않았다. 인적자원이 대량으로 빠져나가자 동독 정부 인내심이 한계에 다다랐다. 1961년 8월 베를린 장벽이 정식으로 세워지면서, 국경선을 기준으로 어느 쪽에서 잠을 잤든 일어났을 때는 완전히 그곳에 갇히는 신세가 되고 말았다. 장벽을 사이에 두고 생이별을 하게 된 가정이 생기고, 장벽에 가로막혀 더는 만나기가 힘들어진 연인, 친구들이 수없이 많았다.

이다 지크만Ida Siekmann이 살던 아파트는 당시 동베를린에 있었는데 아파트 앞쪽 거리가 장벽으로 인해 서베를린에 속하게 되었다. 장벽이 막 세워지기 시작할 때 그녀는 운을 시험해보기로 했다. 솜이불과 생필품을 서베를린 쪽 거리로 던진 뒤 4층 건물 창턱에서 뛰어내린 것이다. 불행하게도 중상을 입은 그녀는 병원으로 가던 도중 숨을 거두며 베를린 장벽이 세워진 후 첫 번째 희생자가 되었다.

철도 공학자 해리 데테를링Harry Deterling은 증기 기관차를 훔쳤다. 그는 국경을 통과할 때 최고 시속으로 기차를 몰았고 서베를린 근처에 도착해서야 기차를 세운 뒤 승객이 자유롭게 떠나도록 놔두었다. 기차에는 자신이 실성한 기관사가 꾸민 탈출 계획의 일부가 되었다는 사실을 모르는 수많은 사람이 타고 있었다. 결국 승객 7명은 하차 후 동베를린으로 돌아갔다. "이것은 자유로 향하는 마지막 열차입니다." 데테를링이 한 이 말은 사실이었다. 그 날을 기점으로 데테를링이 운행한 노선은 봉쇄되었고, 베를린 장벽이 무너진 지 3년째 되는 해인 1992년이 되어서야 다시 개방되었다.

기차를 훔치기로 한 사람이 있었다면 터널을 뚫는 방법을 선택한 사람도 있었다. 토목공학과 학생 요하임 노이만Joachim Neumann은 친구 10여 명과 서베를린 국경 근처 한 빵집에 숨어 있다가 대규모 토굴 작전을 추진하기로 했다. 토굴 공사는 5개월간 지속되었고, 장정들은 빵집에서 밤낮으로 교대해가며 파낸 흙을 밀가루 포대에 쌓아두면서 마침내 동베를린으로 곧장 이어지는 145미터 길이 터널을 뚫었다. 그들은 이 비밀스러운 지하 통로를 통해 동독에 살던 친척과 친구 수십 명이 서베를린에 올 수 있도록 도와주었다.

노이만보다 누군가를 위해 성실하게 일해 본 경험이 있는 사람은 없을 것이다. 그는 이후 서독 건설교통부문 주요 책임자 직을 맡아 터널 60개 공사 계획을 수립했는데, 그가 참여한 가장 유명한 작품

1961년 서베를린으로 도망치는 병사

이 영국 해협을 가로지르는 영국—프랑스 해저터널이다.

아래로 파는 방법 말고 위로 날아가는 방법은 없었을까?

엔지니어 한스 페터 슈트렐치크Hans Peter Strelczyk와 벽돌공 군터 베첼Gunter Wetzel 두 사람은 처자식과 함께 재료학, 공학, 열역학, 기체분자운동론을 날마다 심도 있게 탐구하고 실습했다. 괜한 의심을 사지 않기 위해 이들은 각자 다른 상점에서 돛을 만드는 데 쓰는 질긴 범포와 침대 시트를 산 뒤 직경 22미터짜리 커다란 풍선을 만들었다. 그리고 사람들 눈에 띄지 않는 어느 밤, 집 뒤뜰에서 거대한 열기구를 띄웠다. 두 가족을 태운 열기구가 베를린 장벽 상공에 이르렀을 때 이를 발견한 국경 수비군이 총을 발사했다. 하지만 이미 열기구는 2,500미터 높이까지 날아오른 상태였다. 총알을 맞히는 것은 고사하고 탐조등도 비추기 힘든 높이였던 것이다. 그들은 30분 정도 더 비행한 뒤 연소로 발생한 기체가 배출되면서 서서히 착륙했다.

그런데 착륙한 지역이 동독과 서독 중 어느 쪽일지 판단할 수 없어 바구니 속에서 움직이지 않은 채 몸을 숨기고 있었다. 꼬박 하루가 지났을 때 마침내 한 병사가 다가와 말했다. "여러분은 이제 자유입니다. 여기는 서독 국경이에요."

두 가족은 하룻밤 사이에 서독에서 유명 인사가 되었다. 당시 서독의 열기구 챔피언 아르노 지거Arno Sieger가 말했다. "그들은 정말 믿기 힘들 만큼 멋진 열기구를 만들었어요. 이건 마치 뗏목을 타고 대서양을 횡단한 것과 마찬가지라고 할 수 있어요." 이후 여러 대형 박물관에서는 이 기적같은 열기구를 앞다투어 전시했다.

자유를 향한 결의가 인류의 창의력을 최대한으로 끌어올린 것만 같았다.

하지만 이처럼 짜릿한 성공 사례는 극히 소수에 불과하다. 국경을 넘어 서독으로 탈출하는 과정에서 목숨을 잃은 사람 수가 기록된 것만 해도 수백 명이다. 그런데 이보다 더 많은 사람이 탈출을 시도하다 어떻게 희생되었는지 우리는 영원히 알지 못한다. 정확한 수치를 파악할 수 없기 때문이다. 너무 많은 사람이 그 시대에 조용히 사라지고 말없이 실종되었다.

동독 국경 수비군에게는 법적으로 보장받는 '사격 명령'이 있었고 국가가 국경 침범을 당하지 않도록 지켜야 할 책임이 있었기 때문에, 불법 월경자를 저지하기 위한 최후의 수단으로써 무기 사용은 합법적이고 합리적이었다.

만약 당신이 그 시절 동독의 국경 수비군이라고 가정해보자. 당신이 당직을 서는 날 누군가 장벽을 넘어 서베를린으로 탈출을 시도한다면, 그 사람을 향해 방아쇠를 당기겠는가?

당시 법률에 따르면, 동독 국민은 자유롭게 국가를 떠날 수 있는 권리가 없었다. 국경 수비군으로서 당신은 법 집행이라는 정당한 책무를 지며 그때는 총격도 합법이었다. 그러니 당신은 그들을 향해 총을 쏘겠는가?

당신도 어느 정도 감이 올 것이다. 이 사람이 장벽을 넘으려는 이유는 장벽 너머에 그가 바라는 것이 있기 때문이라는 것을 말이다. 그것은 자유를 향한 동경, 아니면 가족이나 친구와 다시 만나고 싶은 갈망일 수도 있다. 다시 묻겠다. 당신은 총을 쏘겠는가?

당신은 책임감 있는 사람도 되고 싶고 인정을 아는 사람도 되고 싶을 것이다. 인생은 본디 녹록지 않다.

역사를 이야기하며 나는 여태껏 단 한 번도 학생들에게 표준 답안을 제시하지 못했다. 선택이라는 건 어렵지 않은 적이 한 번도 없었다. 많은 경우 당신은 직접 그 순간을 맞닥뜨려야만 분명하게 알 수 있다. 당신의 영혼 깊숙한 곳에서 가장 신경 쓰이는 기회비용이 무엇인지를 말이다.

순간의 방심이 베를린 장벽을 무너뜨렸다

1989년 동유럽에서 불어온 바람은 소련의 마음을 유난히 차갑게 만들었다.

수많은 동유럽 국가가 소련이 주관하는 계획경제체제에서 오랜 시간 생활하며 자원을 빼앗기고 중공업을 중점적으로 발전시켰다. 빵 하나도 길게 줄을 서서 배급을 기다려야 할 만큼 말로 표현할 수 없을 정도로 하루하루 사는 게 고달팠다.

1989년 결국 국민의 원성이 폭발하면서 폴란드에서는 민선 대통령이 선출되고 헝가리에는 민선 국회가 생겼다. 체코에서는 벨벳 혁명이 일어나 국민들이 거리로 나가 언론과 결사의 자유 등을 요구했다.

동유럽 이웃국가가 하나둘 자유로운 세상으로 발을 내딛자 1989년 동독인이 대거 헝가리나 체코를 우회해 서독으로 달아났다. 또 수많은 사람이 가두시위를 벌이며 동독 정부에 지속적으로 항의하고, 국경 출입 자유와 더 많은 민주개혁 가능성을 쟁취하기 위해 고군분투했다. 11월 4일, 동베를린의 알렉산더 광장에 인파 50만 명이 모여 동독 정부에 엄청난 압박을 가했다.

당시 동독 총리는 긴장된 국내 정세를 가라앉히기 위해 국경 출입 수속을 간소화했다. 이로써 정부가 국민의 의견을 얼마나 열심히 청취하고 있는지 증명하며 항의 시위가 줄을 잇던 정세가 조금이나마 완화되기를 바랐다.

1989년 브란덴부르크 문과 베를린 장벽

　　원래는 그저 국경 출입 절차를 간편하게 하려던 의도였다. 하지만 당시 동독 정부 대변인 귄터 샤보브스키Günter Schabowski가 공문서를 처음부터 끝까지 제대로 읽지도 않았고 지나치게 긴장하기도 했던 모양이다. 11월 9일 생중계되고 있던 기자회견에서 이 규정이 언제 발효되느냐는 기자의 질문에 "지체 없이 즉시"라고 발표해버린 것이다.

이런 오해는 정말이지 흔해도 너무 흔했다. 꼼꼼히 자료를 보는 사람도, 열심히 정보를 듣는 사람도 없었다. 다들 어떻게 된 상황인지 분간하지 못하는 사이, 베를린 장벽으로 몰려든 수많은 동베를린 시민들이 장벽을 무너뜨리려고 시도했다. 국경 수비군도 어리둥절해했다. 진짜 개방한 거야? 그런가 본데. 이렇게 많은 사람이 몰려온 걸 보면 위에서 개방하라는 지시가 있지 않았겠어? 그래! 자, 다들 그냥 지나가세요. 검문소에서 국경 수비군은 증명서를 확인하지도 않고 차례로 사람들을 통과시켰다.

모든 것은 이미 되돌릴 수 없었다. 베를린 장벽 붕괴는 가벼운 그러나 아름다운 오해에서 비롯되었다. 11월 9일 자정 무렵, 베를린 시내의 국경관리소가 전부 개방되었다. 동서독 할 것 없이 모든 국민이 뛸 듯이 기뻐하며 수십 년간 그들을 갈라놓은 장벽 위로 올라가 즐겁게 사진을 촬영했다.

1년 후 독일은 재통일되었다. 그로부터 또 1년 후에는 소련이 해체되고 냉전이 종식되었다. 세계가 올바른 방향으로 점차 나아가는 것처럼 보이는가?

2002년부터 이스라엘 정부는 팔레스타인 유격대의 공격을 받을까 봐 걱정된다는 이유로 자칭 '안보장벽'을 만들었다. 요르단강 서안에 높이 8미터, 길이 700킬로미터에 달하는 장벽을 세웠는데, 이는 베를린 장벽의 네 배에 달하는 길이다.

2006년 미국은 멕시코발 불법 이민을 차단하겠다며 '안보장벽법Secure Fence Act'을 통과시켰다. 트럼프 취임 전에 이미 미국과 멕시코 국경 지대에 1,053킬로미터에 달하는 장벽이 세워져 있었으며 트럼프 집권 시기에 600킬로미터를 증축했다.

2015년 헝가리는 유럽으로 밀려드는 수많은 중동 난민 문제를 해결하고자 177킬로미터에 달하는 담장을 세워 불법적인 경로로 헝가리에 들어오는 이민자들을 막았다.

베를린 장벽은 무너졌지만 '벽'은 사라지지 않았다. 세계 각지에서 벽은 계속 세워지고 있으며, 갈수록 길어지고 높아진다. 세상이 더 나아지고 있는지 나는 잘 모르겠다.

08

EU를 탈퇴하면 더 좋아질까?

브렉시트

브렉시트Brexit! 2020년 12월 31일 그리니치 표준시GMT로 밤 11시 런던 빅벤이 울리고 영국은 유럽연합EU과 정식으로 결별하며 브렉시트를 실현했다.

헤어짐에는 협상이 필요한데, 기다리는 시간이 길어지면 전보다 더 용감해진다.

2016년 6월 23일 영국은 EU를 탈퇴(브렉시트)할지 아니면 계속 남아 있을지 결정하는 국민투표를 진행했다. 당시 투표율은 71.8퍼센트에 달해 투표자 수가 3,000만 명이 넘었는데, 51.9퍼센트가 찬성표를 던졌고 48.1퍼센트가 브렉시트에 반대했다. 이어서 영국과 EU 양측은 여러 조건을 내걸고 왕래하며 협상을 진행했다. EU는

"너는 천천히 나가라, 나는 서서히 손을 놓겠다"라는 입장이었다. 총리가 세 번이나 바뀐 4년 6개월여 시간이 지난 후에야 협상에 마침표를 찍은 영국은 2021년 마침내 원하던 자유를 얻으며 브렉시트 원년을 열었다!

이를 위해 영국은 EU에 '이별 비용'을 분납해야 한다. 브렉시트를 금액으로 정산해 어림잡아 300억 파운드인 EU 회비를 지불해야 하는 것이다. 브렉시트는 EU와 영국이 따로 떨어져 독립적인 두 개 법적 공간과 무역시장이 된다는 것을 의미했다. 이제는 자유로운 상품 유통 및 국경 간 인구 이동이 어려워지고 예전에는 없던 성가신 장벽이 생긴다. 영국인은 거주, 학습, 업무 등에 있어서 EU에 있을 때 누리던 특혜를 더는 누릴 수 없게 된다.

이 역사적인 순간을 완성한 영국 총리 보리스 존슨Boris Johnson(재임 2019~2022)은 기뻐하며 다음과 같이 말했다. "우리는 돈, 국경, 법률, 무역, 어업권을 도로 가져왔고……, 마침내 이 위대한 국가의 운명을 우리 손에 단단히 틀어쥘 수 있게 되었다."

예상 밖의 결과인가?

만약 당신이 영국 역사와 친하다면 영국은 혼자 사는 데 익숙한 나라이며 한 번도 EU를 사랑한 적이 없었다는 것을 알 것이다.

나는 자랑스러운 아웃사이더다
: 영광스럽게 고립되는 위대한 전통

"일부 연약하고 무능한 사람이 고립되어 있는 것은 세상에 전혀 도움이 되지 않는다는 이유로 환영을 못 받기 때문이다. 한편, 성가신 일에 얽매이고 싶지 않아서 고립되기를 바라는 사람도 있다. 그들은 일부러 고립을 선택한다. 그래야 가능한 모든 상황에서 자유롭게 행동할 수 있기 때문이다."

— 1896년 영국 솔즈베리 내각 재무장관 조지 고션George Goschen

영국해협은 영국과 유럽 대륙을 가장 가깝고도 먼 거리로 갈라놓았다.

사면이 바다로 둘러싸인 섬나라 특성상 영국은 줄곧 스스로 유럽이 아니라 바다에 속한다고 생각했다. 바다는 드넓지만 유럽 대륙은 비좁지. 영국 역사는 언제나 원대한 목표를 향해 달려갔다.

따라서 역사적으로 영국은 시선을 사방으로 돌려 해외 확장에 열을 올리면서 세계적으로 영국의 이익을 발전시켰다. 시끄러운 유럽 대륙의 집안일은 가능하면 듣지도 않고 관여하지도 않았다. 전부 나랑은 상관없는 일이야.

서기 61년 로마제국이 일련의 무력정벌작전을 통해 그레이트브리튼섬을 로마 영토로 편입시켰다. 하지만 영국 해협이 가로막고 있어서 브리튼섬에 대한 로마제국의 통제력이 긴밀하게 이어지기는

영국과 프랑스의 백년전쟁

잔 다르크
(Jeanne d'Arc, c. 1412~1431)

힘들었다. 훗날 로마제국이 멸
망하면서 브리튼섬은 자유롭
고 즐거웠던 원래의 삶을 되찾
았다.

그 다음으로 영국과 유럽 대
륙 사이에 접점이 있던 시기는
1066년이었다. 프랑스 노르망
디 공작 정복왕 윌리엄이 잉글
랜드에 상륙해 노르만 왕조를
열며 제1대 잉글랜드 국왕이
되었다. 그는 프랑스어와 프랑
스인의 생활습관을 들여왔는
데, 이로써 영국과 프랑스 분쟁
의 씨앗이 심어지는 결과를 낳
았다.

1337년에서 1453년까지 프랑스 왕위 계승권을 빼앗기 위해 영
국과 프랑스 사이에 지루한 백년전쟁이 일어났다. 평민 출신 잔 다
르크Jeanne d'Arc가 사기를 북돋은 덕분에 프랑스가 백년전쟁에서 최
종 승리를 거두기는 했지만 전쟁을 하면 할수록 영국인의 정신은
맑아졌다.

첫째, 프랑스인과 백년을 싸우다보니 영국의 피아식별 능력이 강
해졌다. 너는 프랑스인이고 나는 영국인이야! 형제도 아닌 우린 그

냥 남남이라고.

둘째, 정복왕 윌리엄 때부터 영국 통치자는 영국 왕위만 계승하는 것이 아니라 노르망디 공국의 프랑스 영지도 이어받았다. 백년전쟁에서 패배한 영국은 유럽 대륙에 있는 모든 땅을 잃어 가진 게 하나도 없었는데, 이것이 오히려 유럽 대륙에 대한 영국의 관심이 뚝 끊기는 계기가 되었다.

유럽 대륙과 관계가 뜸해진 후 영국은 한껏 홀가분해진 마음으로 끝없는 바다에 온 신경을 집중했다. 해외로 세력을 확장하는 데 전념하면서 전 세계를 주름잡는 '해가 지지 않는 나라'가 된 것이다.

백년전쟁 이후 영국은 해양국가로서의 발전 모델을 확립하고 '자랑스러운 아웃사이더'로 '영광스러운 고립splendid isolation'을 외교 철학을 내세웠다.

영국인에게 '영광스러운 고립'은 말하자면 "유럽 대륙이 없으면 난 더 잘 살아! 너희 귀찮게 안 할 테니까 너희도 나 귀찮게 하지 마"였다. 유럽 각국이 아무리 자기들끼리 지지고 볶고 싸워도 영국은 가능한 한 무관심한 태도로 일관했다. 유럽 대륙에서 벌어진 일에 절대로 먼저 나서지 않고, 중립적인 태도로 유럽 대륙 국가 사이의 관계에 대응했다. 영국이 가장 바라는 것은 유럽 각국이 안정적인 균형 상태를 꾸준히 유지하는 것이었다. 유럽 대륙이 평온할수록 영국은 마음 놓고 바다를 제패하겠다는 야망을 실현시킬 수 있기 때문이다.

하지만 영국의 '영광스러운 고립' 정책은 단순히 어떤 일에도 절대 관여하지 않겠다는 소극적인 태도를 나타내는 것만이 아니라 강자를 누르고 약자를 도와주는 적극성도 동시에 지니고 있었다. 유럽 국가와 맺은 동맹 정책을 끊임없이 변경함으로써 유럽 대륙의 세력 균형을 깨트릴 수 있는 강력한 맹주의 등장을 저지하려는 것이다.

영국은 확실히 똑똑하고 교활한 아웃사이더였다. 변방 섬나라 위치에서 유럽 대륙의 판세를 관조하며 '정치 저울'을 조작함으로써 유럽 열강이 서로를 견제하게 만들었다. 대영 제국의 해상 패권을 위협하지 못하도록 어느 국가라도 맹주로 자랄 수 없게 싹을 아예 잘라버렸다.

영국의 이런 속셈은 나폴레옹 전쟁, 제1차 세계대전, 제2차 세계대전에서 구체화되었고, 영국인은 모두 '영광스러운 고립'이라는 전제를 깔고 유럽 대륙의 모든 난제를 다루었다.

나는 언제든 너와 함께할 수도 있고, 이별을 고할 준비도 되어 있어

"영국은 유럽 국가 중 유럽 대륙에서 세력을 확장함으로써 국가의 최고 이익을 유지할 필요가 없는 유일한 국가다. 유럽의 세력 균형이 영국에게 유리하다는 점을 감안한다면, 영국은 유럽 대륙을 제패하는 강력

윌리엄 새들러 〈워털루 전투〉
1815년, 캔버스에 유채, 81×177cm, 핌스갤러리 소장

한 권력이 등장하지 않는 일 말고 달리 바라는 것이 없다. 이 목표를 달성하기 위해 영국은 하나의 강력한 세력을 반대하는 조직이라면 어디든 기꺼이 가입할 의사가 있다."

— 미국 외교의 대부, 헨리 키신저Henry Kissinger의 『외교Diplomacy』 중에서

프랑스를 미워하는 데는 동참해야지!

영국인은 나폴레옹을 싫어하지 않지만 나폴레옹이 통치하는 프랑스가 머지않아 유럽을 지배하게 될 거라는 사실에는 반발했다.

19세기 초반 유럽은 나폴레옹의 유럽이었다. 나폴레옹은 프랑스

1853년에서 1856년까지 이어진 크림전쟁

군대를 이끌고 곳곳을 휩쓸며 러시아를 제외한 유럽 대륙 전체를 제패하다시피 했다. '유럽 대륙의 조타수'를 자부하던 영국이 이런 상황을 어떻게 가만히 두고 볼 수 있겠는가! 만약 나폴레옹이 유럽 대륙의 모든 자원을 집결시킨 초강대국 프랑스를 다스렸다면, 산업 및 군사 역량이 비교가 안 될 정도로 강대해졌을 것이다. 영국해협에서 유럽 대륙까지 가장 가까운 거리는 고작 34킬로미터에 불과했다. 나폴레옹이라는 거물이 바로 옆에 있다는 생각만으로도 불안해하던 영국은 총 일곱 차례에 걸쳐 적극적으로 반反프랑스 동맹을 결성하고 이끌었다.

나폴레옹과 유럽이 작별하게 될 워털루 전투 때까지 나는 너와 싸우고 또 싸울 것이다!

러시아의 확장을 두고 볼 수 없지!

나폴레옹이라는 위기를 벗어났지만 영국의 안도감은 그리 오래가지 않았다. 그 사이에 러시아 세력이 부상했기 때문이다. 당시 러시아는 보수 세력인 신성 동맹을 주도했고 발톱을 치켜세우며 발칸 반도를 향해 달려들었다. 이로써 세력을 확장해 지중해로 가는 지름길을 장악하려고 시도한 것이다.

이리하여 '유럽 대륙의 조타수' 영국의 고민이 또다시 시작되었다. 이걸 어쩌나! 러시아 확장을 막기 위해 이번에 영국은 프랑스까지 크림전쟁에 참가하도록 끌어들이며 함께 러시아의 서진을 가로막았다. 영국은 지조라고는 눈곱만큼도 찾아보기 힘든 나라냐고? 얼마 전까지만 해도 함께 프랑스를 혼쭐내주자며 이 나라 저 나라에 호소하더니 어떻게 저렇게 금방 프랑스랑 손잡고 러시아를 밀어낼 수 있지?

마침내 독일, 이번에는 네 차례다!

1871년에 탄생한 독일 제국은 역사를 통해 이전 세대가 남긴 교훈을 보지 못한 모양이었다. 위세 등등한 독일 제국은 통일을 이룬 뒤 산업을 급속도로 발전시켰다. 더욱이 황제 빌헬름 2세Wilhelm II(재위 1888~1918)는 게르만인의 위풍당당한 풍채를 세상에 보여주고 싶어 안달이었다. 해군을 적극적으로 육성하는 것으로도 모자라 식민지 개척의 야욕을 드러냈다.

이는 두말할 것 없이 영국을 향한 도발이었다.

그래서 영국은 오랜 친구(또는 적?)인 프랑스, 러시아와 삼국협상을 결성해 제1차 세계대전 당시 독일을 포위했다.

하지만 다들 알다시피 영국은 한 번도 진심으로 어느 한 나라를 미워한 적이 없었다. 유럽을 제패하는 나라가 있으면 그 나라를 미워했을 뿐이다. 따라서 제1차 세계대전이 끝나고 프랑스가 울분을 해소하려고 베르사유 조약을 이용해 독일에 호된 공격을 가할 때에도 영국은 전혀 관여하지 않았다. 오히려 미국과 함께 관련 방안을 논의하며 패전국 독일이 합리적인 상환 계획을 수립할 수 있도록 협조했다.

좋은 뜻으로 그런 게 아니라, 프랑스 혼자서 너무 날뛰지 않게 하려던 것뿐이었다.

윈스턴 처칠Winston Churchill(재임 1940~1945, 1951~1955)이 한 말도 같은 맥락이다.

독일 제국 황제 빌헬름 2세
(Wilhelm II, 1859~1941)

"영국의 정책은 유럽에서 패권을 노리는 나라가 어느 나라인지는 전혀 고려하지 않는다. 문제는 그 나라가 스페인지 아니면 프랑스 제국인지, 독일 제국인지 아니면 히틀러 정권인지에 있지 않다. 우리 정책은 그 나라가 어디인지 또는 누가 지배자가 되는지와 아무런 관계가 없다. 영국의 유일한 관심사는 어디가 제일 힘이 센지, 가장 지배력이 있는 폭군은 누구인지다. 남들이 우리더러 친프랑스, 반독일 경향이라고 비난을 퍼붓는 것은 두려운 일이 아니다. 상황이 바뀌면 우리는 언제라도 친독일, 반프랑스 정책을 펼 수 있다."

하지만 히틀러의 야심이 지나치게 노골적인 데다 연달아 두 차례 세계대전이 발발하자 영국은 유럽을 지배하려는 독일의 계획을 좌절시키기 위해 독일의 반대편에 서서 애쓸 수밖에 없었다.

난 EU를 좋아하지 않아, 나 자신을 좋아할 뿐이지

"우리에겐 영원한 친구도, 영원한 적도 없다. 단지 영원한 이익만 있을 뿐이다."

— 19세기 영국 수상 로드 파머스턴Lord Palmerston

끔찍한 피해를 남긴 두 차례 세계대전 이후 유럽은 세계 무대에서 완전히 힘을 잃고 말았다. 유럽 열강을 대신해 새로운 맹주 자리에 오른 것은 미국이었고, 공산국가 소련도 물러서지 않고 미국과 힘겨루기를 벌였다.

두 강대국이 대립하는 동안 유럽은 더는 내부 투쟁을 벌일 여유가 없었다. 우리는 반드시 평화공존을 보장하고 유럽 대륙의 역량을 하나로 모을 수 있는 공동체를 창설해야 한다.

세계대전 당시에는 어떻게든 서로를 못 잡아먹어 안달이었지만 이제는 다 지난 일이다. 프랑스, 서독, 이탈리아, 네덜란드, 벨기에, 룩셈부르크 등 6개국은 1952년 '유럽석탄철강공동체ECSC' 창설을 위한 조약에 서명했다. 석탄과 철강 등 군사 및 공업 물자 공동 관리를 목표로 하는 이 기구가 오늘날 EU의 전신이다.

그럼 영국은? 세계대전도 다 끝났고, 보아하니 유럽 국가들마다 전쟁의 상흔으로 지쳐 있는 상태로군. 유럽에 새로운 맹주가 나타나지도 않았는데 굳이 너희랑 어울려 놀아줄 필요가 있나? 더군다

나 영국은 아직 수많은 아프리카 식민지가 남아 있는 상태였고, 캐나다, 호주, 뉴질랜드처럼 유쾌한 파트너도 있었다. 예전 대영 제국의 위풍당당함은 한풀 꺾였더라도 영국연방 Commonwealth of Nations(영국 본국과 구舊 대영 제국 식민지에서 독립한 나라로 구성된 연방체)으로 전환된 후에는 대영 제국 하나만으로도 미국, 소련이랑 어깨를 나란히 하기에 충분해. 이런 이유로 영국은 기꺼이 유럽 대륙과 거리를 유지하며 '영광스러운 고립' 정책을 고수했다.

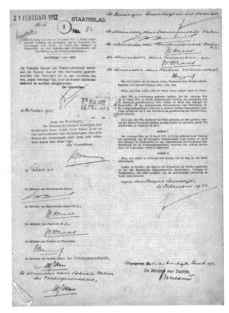

유럽석탄철강공동체 창립 조약

하지만 1960년대에 이르러 ECSC 6개국은 사이가 더 끈끈해지면서 잇따라 계약을 체결하고 유럽경제공동체EEC를 설립했다. 이로써 6개국 간에 자유무역과 자유여행이 가능해졌다. 프랑스와 독일이 전쟁의 상흔을 극복하면서 서유럽 경제가 점차 성장하는 모습을 보이자 영국은 질투가 나기 시작했다. 이거 가입 안 하면 손해겠는데?

그래서 영국은 뻔뻔하게 EEC에 가입 신청서를 냈지만, 당시 프랑스의 샤를 드골Charles de Gaulle(재임 1959~1969) 대통령이 이를 단호하게 거절했다. 거만한 드골 대통령은 감정을 숨기지 않고 솔직하게 말했다. "영국인과 우리 유럽인은 민족, 성격, 국가 구조, 생활 환경 등이 판이하게 다르다." 수십 년 후 프랑스 자크 시라크Jacques Chirac(재임 1995~2007) 대통령도 영국을 두고 이렇게 발언했다. "음식 맛이 형편없는 민족은 도저히 믿을 수가 없다."

드골 대통령은 당시 영국의 진심을 믿지 않은 것은 물론 영국이 EEC에 가입한 뒤 프랑스의 주도적인 위치를 가로챌까 우려하기도 했다. 게다가 영국은 미국과 줄곧 좋은 관계를 유지했기 때문에 만약 영국의 EEC 가입을 받아들이면 미국이 유럽에서 세력을 키울 수 있는 여지를 주는 것이나 다름없다고 생각했다.

EEC가 활발하게 활동하는 걸 보면서 영국 식민지는 하나둘 영국에 일방적으로 독립을 요구했다. 자치와 경제적 이익을 고려해 영국은 다시금 몸을 낮춰 EEC의 문을 두드렸다. 당시 드골 대통령은 이미 세상을 떠난 뒤라 영국은 1973년 마침내 EEC에 합류했다.

공동체의 일원이 되었지만 역사적으로 영국이 유럽 대륙 무리에 속한 적은 한 번도 없었다. 영국 내에서도 반대하는 목소리가 잇따랐다. 드골이 말한 것처럼 영국의 국가 구조는 유럽과 확실히 달랐다. 유럽 대륙이 열을 올리는 사회복지정책에 영국은 언제나 큰 흥미가 없었다. 하지만 EEC에 가입한 후 영국의 재정 정책은 어쩔 수 없이 유럽 국가와 하나로 묶일 수밖에 없었다. 영국이 말했다. "너희는 다 퍼주고 싶은지 몰라도 난 아냐!"

영국이 브렉시트를 원한 건 결코 최근의 일이 아니다. 1975년 6월 5일 영국은 EEC 잔류 여부를 묻는 국민투표를 실시했는데, 당시 영국 국민의 67.2퍼센트가 EEC 잔류를 지지했다.

하지만 자신이 그다지 좋아하지 않는 그룹에 억지로 남아서 전혀 보고 싶지 않은 정보가 오가는 것을 참아내는 건 굉장히 고통스러운 일이다. '철의 여인'이라 불린 영국 수상 마거릿 대처Margaret Thatcher(재임 1979~1990)는 EEC 잔류가 영국에게는 '악몽' 그 자체라고 말하기도 했다.

프랑스 대통령 샤를 드골
(Charles de Gaulle, 1890~1970)

특히 영국은 역사적으로 대장이 되어 아무 구속 없이 자유자재로 행동하는 데 익숙한 나라였다. 갈수록 독일이 강해져 EEC를 주도하는 걸 보면서 영국은 도저히 참을 수가 없었다. 억지로 EEC에 가입한 뒤로 영국이 점점 영국답지 않은 삶을 살게 된 것이다.

한편 영국을 향한 유럽 대륙 국가의 반감도 적지 않았다. EU가 정식으로 결성되면서 유로존이 끊임없이 확대됐지만, 영국은 여전

영국 수상 마거릿 대처
(Margaret Thatcher, 1925~2013)

히 파운드 사용을 고수했다. 이에 유럽 대륙 국가는 이렇게 생각했다. "콧대만 높은 영국인들 같으니!"

그런데 영국은 자기가 거만하게 군다고 생각하지 않았다. 유로존에 가입한다는 건 유럽 중앙은행ECB이 금리를 결정하는 것과 마찬가지였다. 그렇게 되면 영국은 확장 또는 긴축 통화정책을 독자적으로 운용할 수 없게 되는 것이다. 한 나라가 자국의 경제 경쟁력을 강화하는 이런 수단을 우리가 왜 포기해야 해?

영국, 너 혼자 그렇게 겉돌 거였으면 애초에 가입은 왜 하려고 한 거니?

어쨌든 영국은 EU의 결정에 늘 불만이 많았다. 2010년 유럽 채무 위기가 터졌을 때 그리스, 스페인 등을 비롯해 많은 채무국이 EU에서 돈을 빌려 급한 불을 껐는데, 하필 그 돈이 대부분 영국이 납부한 회비에서 비롯된 것이었다. 영국인은 "너희가 진 빚을 왜 우리가 갚아야 해?"라고 생각했다. 2011년 시리아 내전으로 발생한 난민이 유럽으로 대거 유입되자 EU는 각 회원국이 난민을 분담해서 수용할 책임이 있다고 주장했다. 영국은 즉각 반발했다. 왜 그래야 되는데? 난 싫어! 난민이 치안 문제라도 일으키면 EU 네가 대신 처리해줄 거야?

EU 가입은 영국에게 전혀 유쾌한 일이 아니었다. 영국은 EU의 의심스러운 정책을 따르다 같이 관에 들어가고 싶지도, EU 회원국과 같이 잘 먹고 잘 살고 싶지도 않았다.

시종일관 영국이 가장 좋아한 건 오로지 자기 자신뿐이었다.

"나는 거만한 아웃사이더다. 영광스럽게 고립되어 나 하나만 잘 건사하고 싶다."

브렉시트는 이미 예견된 일이었다.

이별을 축하한다. 부디 행복하길. '포스트 브렉시트' 시대를 맞이한 영국을 축복하며.

2장

역사 교과서 속
인물에게서
위로 받는가?

09

악마 같은 해적, 오늘 밤 유럽의 악몽

바이킹

　사나운 침략자, 야만적인 약탈자, 바람처럼 왔다 가는 뿔투구를 쓴 해적. 바이킹이라고 하면 이런 이미지가 떠오르는가? '바다의 늑대'라고 불리는 바이킹이 닿는 곳은 파괴와 학살의 현장을 여실히 보여주는 듯했다. 그런데 이 금발의 푸른 눈을 한, 북해를 종횡무진하던 스칸디나비아 북방 민족이 정말 전설에 나오는 것처럼 이름만 들어도 간담이 서늘해질 만큼 난폭하고 잔혹했을까?

　중세 유럽의 바다와 강을 주름잡은 바이킹은 유명한 침략자였을 뿐만 아니라 각지를 넘나드는 무역상이었고, 더욱이 콜럼버스보다 500년이나 먼저 대서양을 가로지른 탐험가였다. 창작자들이 환각적인 시가詩歌, 심금을 울리는 산문과 전기傳奇를 써서 바이킹 이야기에 기이한 멋과 아름다움을 더했다.

바이킹은 유럽인에게 악몽일까 단꿈일까? 8세기로 돌아가 낱낱이 파헤쳐보자.

바이킹은 대체 어떤 사람들일까?

2010년 발표된 애니메이션 영화 〈드래곤 길들이기〉를 보면 바이킹이 사는 섬에 시도 때도 없이 드래곤이 침입한다. 주인공 히컵은 드래곤 사냥꾼이 되고 싶어 하지만 천부적인 소질이 없어 결과적으로는 드래곤 길들이기 고수가 된다. 그런데 실제 바이킹의 거처는 용이 있을 수 없는 것은 물론 새가 알을 낳지도 않고 거북이가 기슭에 닿지도 않을 만큼 황량한 곳이었다.

바이킹은 지금의 덴마크, 노르웨이, 스웨덴 같은 북유럽 일대에서 기원했다. 원래 추위가 심한 데다 농경지 면적과 수확량도 제한적이라 바이킹의 보금자리는 대부분 척박한 농촌이었고 도시조차 발전하지 못했다. 바이킹은 농업을 제외하면 바닷가 근처에서 물고기를 잡아 생계를 유지하는 수밖에 없었다.

먹을 것이 없어 굶주릴 대로 굶주린 바이킹은 793년 침략을 시작했다. 바이킹은 잉글랜드의 작은 섬 린디스판을 약탈했다.

영문도 모른 채 공격당한 섬의 수도원에서 수사들은 공포심에 넋이 나갔는지 바이킹이 값진 물건과 포로를 잔뜩 챙겨 도망치는데

잉글랜드를 침입한 북유럽인

도 그 모습을 멀뚱히 지켜보고만 있었다.

첫 번째 약탈이 지나치게 순조로웠던 바이킹은 이어서 스코틀랜드를 털러 갔다. 2년 후에는 아일랜드로 가서 사람을 죽이고 약탈을 자행했다. 약탈할수록 멀리 나갔고 공격할수록 느끼는 점도 많아졌다. 그들은 대제국을 건설하겠다는 생각을 해본 적도 없고 딱히 영토를 점령하지도 않았다. 약탈만 하면 그만이었다. 털고 내빼기! 바이킹은 한곳에 머무르는 법이 거의 없었다. 동프랑크 왕국 편년사인 『풀다 연대기The Annals of Fulda』에는 바이킹에 대해 다음과 같은 기록이 있다.

"845년, '북방인'이 샤를의 왕국을 짓밟았다. 그들은 배를 타고 센강을 따라 파리까지 쭉 올라갔다. 샤를과 현지 주민의 몸값을 두둑이 챙긴 뒤 평화롭게 떠났다. 그들은 프리지아제도에서 세 차례 전쟁을 벌였다. 첫 번째 전투는 패했지만 나머지 두 전투에서 '북방인'은 모두 승리를 거두었다. 수많은 적군 병사를 죽이고 작센 성루를 때려 부순 뒤 그곳을 떠났다."

바이킹은 홀연히 왔다가 잽싸게 기습한 다음 뒤도 안 돌아보고 떠났다. 8세기부터 11세기까지 유럽 서북부 연안 소도시 중 불행을 면한 곳이 거의 없었고, 심지어 저 멀리 지중해 쪽 콘스탄티노플조차 바이킹 해적에게 약탈당했다.

당시 피해자들은 애초에 바이킹을 덴마크에 사는 사람 또는 북방인이라는 뜻의 '데인인Danes'이나 '노르만인Normans'으로 불렀다. 또는 대놓고 그들을 '야만인', '해적'이라고 부르기도 했다. '바이킹 Vikings'이라는 단어는 11세기 후반에 이르러서야 유행하기 시작했다. 오늘날 추측하기로 '바이킹'은 '비크Vik'라는 단어에서 비롯되었을 것으로 본다. 고대 바이킹 언어에서 '비크'는 만灣 또는 입구를 나타낸다. 간단히 말해 바이킹은 만에서 돌진해 들어와 약탈하는 무리를 지칭하는 것이다.

그런데 바이킹은 왜 그렇게 조직적으로 약탈하는 걸 좋아했을까? 이는 역사상 풀기 힘든 미스터리다. 혹자는 북유럽이 땅은 척박하고 인구는 넘쳤기 때문에 곳곳에서 약탈할 수밖에 없었다고 하고, 또 다른 사람은 북유럽이 정치적으로 불안하던 시기에 각 부락이 통치권을 빼앗으려고 죽을힘을 다해 약탈하며 전공을 세운 거라고 말한다. 외지에서 장사하고 돌아온 바이킹이 그 지역에 돈이 많다는 정보를 주며 약탈을 종용했다고 주장하는 사람도 있다.

뭐, 약탈이 일상인 바이킹의 생활은 접어두자. 바이킹이 약탈을 기막히게 잘했다는 게 핵심이니까. 거칠고 경솔해 보이는 바이킹은 사실 중세에서 가장 뛰어난 선박 건조 기술을 보유하고 있었다. 가는 곳마다 적을 무너뜨린 바이킹선은 해외 무역이나 약탈할 때 반드시 구비해야 할 무적의 수단이었다.

중세 최강의 용주龍舟: 바이킹선

바이킹이 거주하는 북유럽에는 초목이 무성한 삼림지대가 있었다. 노르웨이·스웨덴의 소나무, 덴마크의 참나무는 바이킹선 롱십Longship을 만들 때 최상의 재료였다. 롱십의 위력은 길이, 폭, 간편함에 있었다. 풍력에 의지할 수밖에 없던 범선 시대에 롱십은 유리한 풍향과 맞물리면 시속 28킬로미터까지 가능했다. 롱십의 특징은 배의 홀수(배가 물 위에 떠 있을 때 물에 잠겨 있는 부분의 깊이)가 굉장히 얕다는 데 있었다. 롱십은 수심 1미터인 수역에서도 항행할 수 있고 마음대로 해변에 상륙하고 강에 들어갈 수도 있었다. 덕분에 바이킹은 상대방이 집결할 겨를도 없을 만큼 무방비한 상태일 때 파죽지세로 쳐들어가 급습하는 일이 잦았다. 가볍고 정교한 선체는 용솟음치는 파도를 견뎌낼 만큼 견고했고, 늘 휴대할 수 있어 초간편 1인용 휴대 천막이나 다름없었다.

롱십의 선수船首와 선미船尾는 대칭이었다. 북유럽 해역에 자주

출몰하는 얼음산과 바다를 떠다니는 유빙을 만날 경우 이런 디자인은 선체가 잽싸게 방향을 바꿔야 할 때 굳이 뱃머리를 돌릴 필요가 없어 항행 위험을 낮출 수 있었다. 뱃머리에는 위엄 있고 흉악한 용머리가 주로 조각되어 있었는데, 적을 위협하고 바다 위 사악한 힘을 몰아내는 목적으로 쓰였다고 전해진다.

바이킹선이 그렇게 얇고 가벼울 정도로 길었다면, 바이킹이 유럽 곳곳에서 제멋대로 활개치는 일이 어떻게 가능했겠느냐며 의문을 가진 회의론자가 많았다. 2000년 덴마크 바이킹 해적선 박물관에서는 덴마크, 페로제도, 노르웨이 등지에서 온 조선업자를 모아 4년 동안 옛 법을 엄격히 준수하며 바이킹선을 원형 그대로 복원했다. 이 바이킹선은 덴마크 동부 항구에서 닻을 올려 불과 40여 일만에 2,000킬로미터 가까운 거리를 항해했는데, 무사히 북해를 건너 아일랜드 더블린에 도착했다. 덴마크 여왕 마르그레테 2세

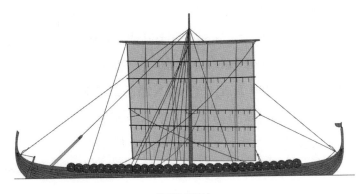

바이킹선 롱십

Margrethe II(재위 1972~현재)는 이 바이킹선에 '해마Sea Stallion'라는 이름을 하사했다.

이로써 약해 보이는 바이킹선이 생각보다 훨씬 더 견고하다는 것이 확실하게 증명되었다.

하지만 바이킹선은 단순히 약탈을 위해서만 존재한 것이 아니다. 바이킹선은 무수한 탐험의 여정을 일궈냈다. 바이킹의 몸 안에는 먼 곳을 정처 없이 떠돌아다니는 피와 용기가 흐르고 있었다. 9세기에 바이킹은 계속 노를 젓고 또 저었다. 그렇게 노르웨이에서 바다 건너 아이슬란드에 도착했다. 두 국가 모두 북유럽에 있어서 엄청 가까운 것 같겠지만, 노르웨이에서 아이슬란드까지 항해 거리는 거의 1,500킬로미터에 달한다. 아직 나침반도 없을 시기니 해상 휴게소가 있을 리 만무했다. 바이킹이 도착하기 전까지 아이슬란드

1066년 노르만인의 잉글랜드 정복 이야기를 자수로 표현한 바이외 태피스트리

는 사람이 살지 않는 무인도였다. 이토록 멀리 떨어진 세계의 끝을 정복한 바이킹은 서쪽으로 더 가봐도 될 것 같은 기분이 들었다. 그래서 11세기에 바이킹은 배를 타고 그린란드에 도착했다. 오늘날에는 그린란드 하면 새하얗고 청정한 대지를 떠올리지만, 당시에는 아무것도 없는 황무지였다. 그곳에서 바이킹은 농사를 짓고, 소를 키우고, 바다코끼리를 잡았다. 그린란드를 발판 삼아 계속 롱십을 타고 연안을 따라가다 북아메리카 동북쪽까지 이르렀다.

그렇다. 콜럼버스가 아메리카에 도착하기 500년 전에 벌써 바이킹이 북아메리카로 가는 항로를 개척한 것이다!

빼앗을 것이 하나도 없는 그린란드에서 바이킹은 빼앗는 것조차 멈추었다. 여기에서 알아두어야 할 것은, 지구 기후가 상대적으로 온난한 시기에도 그린란드에서는 살아남는 것 자체가 굉장한 도전이었다는 사실이다. 목재, 철광석처럼 토지를 개간할 때 꼭 필요한 물자가 부족해 거의 수입에 의존할 수밖에 없었다. 고위도 지역은 기후 불안정으로 흉작이 되는 경우가 다반사라 황무지 중의 황무지인 그린란드는 교역을 하러 해상 상인이 찾아오는 경우가 전무했다. 유럽이 소빙기 시대로 접어들면서 그린란드의 기온은 점차 내려가 겨울이 20년 동안 이어지기도 했다. 미국 드라마 〈왕좌의 게임〉에 대입해서 생각해보면, 나이트워치가 지키던 북부 장벽이 바로 바이킹이 생존한 지역이다. 그들은 너무나 힘든 환경에서 400여 년을 고군분투하면서 버틸 때까지 버티다가 결국 열악한 기후를 견디지 못하고 물러난다.

가장 종잡을 수 없는 약탈자이면서 가장 의연했던 개척자. 이것이 북방인의 낭만일까!

발할라와 헬헤임 중 어디를 가겠는가?

8세기부터 바이킹이 유럽 전역에 위세를 떨치면서 북유럽 신화 창작이 좀 더 완전하고 성숙해졌다. 게다가 바이킹이 아이슬란드와 그린란드에 일으킨 변화는 얼음과 눈으로 뒤덮인 지역에 절망과 생기를 더하며 음유시인들에게 감성적인 영감을 주었다.

찬란하고 화려한 그리스 신화와 비교했을 때 북유럽 신화는 최선을 다해 우주의 괴멸을 묘사하고 장렬한 투쟁으로 가득 채운 세계관이다. 어쩌면 지나치게 긴 겨울처럼 열악한 자연환경이 바이킹을 절망으로 가득 차게 만들었는지도 모른다. 아무리 위대하고 용감무쌍한 신이라고 할지라도 결국 '라그나뢰크 Ragnarök'를 맞이하게 된다. 라그나뢰크는 모든 신이 죽고 세상이 멸망하는 순간이다. 신들의 왕 오딘이 이 사실을 미리 알고 어떻게든 저항하려 발버둥 쳐보지만 끝내 비극이 일어나는 것을 막아내지는 못했다. 모든 게 황폐해질 때까지 세상은 격렬한 전투를 벌였고 영겁의 어둠만이 남게 되었다.

북유럽 신화 신들의 왕 오딘

　강력한 신들조차 죽는다면 보잘 것 없는 인간이 죽음을 두려워할 필요가 있을까? 바이킹에게 죽음은 필연적인 것이었다. 기왕 죽을 거면 정정당당하게 죽자. 장렬하게 전사해서 최고의 영예를 안을 수 있도록!

　바이킹이 믿는 신앙에는 '발할라Valhalla'라는 곳이 있었다. 바이킹은 자신이 전쟁에서 싸우다 죽으면 신들의 왕 오딘이 발키리

Valkyrie(오딘을 섬기는 무장 여인들)를 보내 죽은 용사의 영혼 '에인헤랴르Einherjar'를 발할라에 데려와 영원한 행복을 누린다고 믿었다.

그런데 여기에서 말하는 영원한 행복은 당신이 바라는 행복과는 좀 다를 것이다. 발할라에는 방이 540개 있는데, 긴 창으로 지은 궁벽과 금빛 방패로 쌓은 지붕이 있고, 홀에는 황금갑옷과 전포戰袍가 가득했다고 전해진다. 에인헤랴르는 매일 아침 일어나자마자 발할라에서 서로 치고받고 싸우기 시작한다.

전장에서 죽은 전사들은 죽어서도 전쟁을 한다. 진이 다 빠질 때까지 싸우지 않으면 성에 차지 않았다. 좋게 말하면 죽은 뒤에도 지속적인 훈련을 통해 서로의 전투 기술을 습득한다고 할 수 있지만, 실제로는 죽은 전사들이 날마다 미친 듯이 상대를 베어 죽이고 '룸메이트'를 난도질하려 달려드는 장면들이 펼쳐졌다. 그러다 해질 무렵이 되면 발할라의 신기한 힘 덕분에 상처는 회복되고 죽은 자들은 부활했다. 그러고는 다음날 아침에 일어나서 또다시 머리가 깨지고 피가 흐르며 시신이 분리될 때까지 싸우는 것이다.

발할라는 상처를 낫게 하는 치유 능력에 더해 매일 전사들에게 먹어도 먹어도 끝이 없는 맛있는 고기와 향기로운 음료를 제공했다. 발할라를 떠올리다가 나도 모르게 이런 생각이 들었다. '매일 배부르게 뷔페를 먹을 수 있는데, 대체 왜 날마다 동료를 죽이려고 피터지게 싸우는 거지?' 이미 다들 한 번 죽었잖아. 다시 안 싸울 수도 있는 거 아닌가? 아니!

바이킹으로서 가장 이상적인 삶의 형식이 바로 이것이기 때문

말을 타고 저승 헬헤임으로 향하는 오딘

이다. 생전에 반드시 장렬하게 싸우다 죽어서 발할라에 갈 기회를 얻고, 죽은 후에 발할라에서도 매일같이 싸우다 죽는 것. 이것이 전사戰士의 낭만이자 그들이 가장 바라는 삶의 모습이다.

한편 연로해서 죽거나 병으로 죽은 바이킹은 헬헤임Helheim으로 간다. 헬헤임은 몹시 춥고 어두우며 생명체의 흔적이 전혀 없는 곳이다. 당신을 데리러 오는 여신도, 진수성찬이 차려진 뷔페도 없다. 혹한과 어둠의 땅에서 홀로 험한 길을 걸으며 쥐 죽은 듯 고요한 침묵 속에서 영원한 굶주림과 고통을 견뎌야 했다.

세상에! 너무 심한 거 아냐? 단지 늙어서 죽었다는 이유로 영원히 회복할 수 없는 지옥으로 가야 하다니, 대체 내가 뭘 잘못했다고!

잘못한 거 몰라? 어떻게 싸우다 죽지 않을 수가 있나?

베르세르크

왜 그렇게 바이킹이 싸움을 잘하고 호전적이었는지 이제는 이해가 되는가?

신화와 바이킹 전설에는 '베르세르크Berserker'라는 존재를 언급한다. 이는 '곰 가죽 옷을 입은 사람'이라는 뜻이다. 전해지는 바에 의하면, 전투할 때 '베르세르크의 분노' 스킬이 발동되면 이들은 정신이 나갈 만큼 광폭한 상태가 되고, 갑자기 곰처럼 용맹한 힘이 뿜어져 나오면서 야수처럼 울부짖었다. 투구와 갑옷을 착용하지 않아도 검과 불에 다치지 않고 전장에서 그야말로 신들린 위력을 떨칠 수 있었다. 하지만 '베르세르크의 분노' 시간이 끝나면 온몸에 힘이 빠져 허탈해지고 입에 거품을 물었는데, 북유럽판 영매가 곰 가죽을 쓰고 접신했다가 깨어나는 개념으로 보면 될 것이다.

이렇게까지 '정신 나간' 전사는 판타지 소설에나 나오는 인물이라고 생각하지 않았는가? '베르세르크의 분노'는 틀림없이 버프 아이템 같은 설계였을 것이다. 그런데 미안하지만 현실은 당신이 생각하는 것보다 더 불가사의하다. 수많은 북유럽 어원과 잇따라 출토된 문화재들이 베르세르크가 실제 존재했을지도 모른다고 말해주고 있다.

당신이 제대로 파악하기 힘들었던 바이킹에게는 사실 너무나 다양한 모습이 있었다. 바이킹은 룬 문자라는 자기만의 독특한 문자 체계가 있었다. 지금도 스칸디나비아 반도에서는 신비한 부호가 새겨진 부문석符文石을 발견할 수 있고, 룬 문자로 쓰인 장편시와 영웅 전기를 볼 수도 있다. 하지만 바이킹은 룬 문자로 역사를 쓰지 않았다. 당신이 역사를 쓰지 않으면 다른 사람에게 대신 쓰라고 할 수밖에 없다. 바이킹이 몇 세기에 걸쳐 약탈을 했는데 그때 살아남은 피해자들의 발언이 유럽 각국의 편년사, 군왕전기, 교회 수도사들의 일기에 널리 퍼졌다. 그때마다 항상 바이킹은 야만적이고 흉폭하며 비인간적인 해적으로 묘사되었다.

하지만 무엇이든 지나가면 반드시 흔적을 남기게 마련이다. 바이킹은 멀리 걸으며 수많은 증거를 남겨 우리에게 잔혹한 약탈자로 알려진 바이킹의 새로운 면을 발견할 수 있는 기회를 제공했다. 그들은 살인을 밥 먹듯이 하던 야만인이자 진격의 개척자였다. 그들은 탐험가의 용감무쌍함뿐 아니라 장인의 지혜도 지녔다. 인류가 끊임없는 호기심과 상상력을 발휘하기만 한다면 바이킹 전설은 영원히 진부하지 않은 이야기로 남을 것이다. '신들의 멸망'이라는 것이 시종일관 무의미한 감상적 색채를 띠고 있기는 하지만, 그 역시도 바이킹이 대대손손 아득한 북부와 반복해서 벌인 생존 전쟁만이 만들어낼 수 있는 '종말 서사시'이리라.

10

우리와 성지의 거리

중세 배낭 여행객

루르드Lourdes라는 관광지를 들어본 적 있는가?

이곳은 면적이 지방 소도시만 하고 인구는 1만 5,000명이 채 안 된다. 그런데 프랑스에서 제곱킬로미터당 호텔 수가 루르드보다 많은 곳은 낭만의 도시, 프랑스의 수도 파리뿐이다. 2020년까지 루르드에는 합법적인 숙박업소가 270곳이 있고, 해마다 평균 600만 명의 여행객이 루르드를 찾는다.

루르드에는 에펠탑이나 루브르미술관도 없고, 사람의 마음을 들뜨게 하는 로맨틱한 키스는 더더욱 없다. 루르드에 있는 거라고는 하느님의 흔적뿐이다. 성모 마리아가 루르드 석굴에 18차례 모습을 드러냈고, 석굴 안의 샘물은 치료 효과가 있어 그 물을 마신 사람은 약을 먹지 않아도 병이 완쾌된다는 이야기가 전해진다.

당신이 믿든 안 믿든, 신실한 신자는 하느님이 이곳에 함께하는 듯한 신비로움을 느꼈다.

중세부터 유럽의 그리스도교도는 육체 여행으로 자신과 하느님의 거리를 좁히려고 했다. 예수와 사도들이 이 땅에서 활동했던 곳으로 직접 가서 그들이 호흡하던 공기를 마시고 그들이 밟은 땅을 디뎌보기를 원했다. 성지에 가까워질 때마다 우리의 기도가 더 효험이 있고 병으로 인한 고통은 줄어들며 우리의 죄가 좀 더 사면될 수 있을 것 같은 기분이 들었다.

예로부터 지금까지 어떤 일에 종사하든 빈부귀천에 상관없이 경건한 그리스도교 신자로서 성지 순례 여행을 떠나면 우리는 같은 종교를 가지고 같은 희망을 품은 채 구원을 갈망하며 용서를 기대하는 다 같은 사람이다. 모든 사람이 신의 이적異蹟이 나타나 우리 영혼과 육체가 기적적으로 회복될 거라고 믿는다.

그럼 이제 어디로 갈 것인가?

성지 순례를 가려면 반드시
인기 있는 성지를 엄선해 '순례'해야 한다

성지라고 하면 다들 가장 먼저 예루살렘을 떠올릴 것이다.

예수는 골고다에서 십자가에 못 박힌다. 숨이 끊어진 예수의 성

성지 루르드

체에 기름을 발라 장례를 준비한다. 죽은 예수가 부활한 분묘가 있다고 알려진 성묘 교회The Church of the Holy Sepulchre가 바로 예루살렘에 있다.

그런데 고대 사람들에게 예루살렘은 정말 멀고도 먼 곳이었다. 예산은 한정적이고 시간도 제한적인 성지 순례 여행객에게 비용을 절약할 수 있는 대안은 없었을까?

있었다. 그것도 아주 많이.

모두를 위해 중세에 가장 인기 있으면서 비교적 가기 쉬운 '성지 순례 명소 추천' 목록을 정리해보았다. 하나같이 중세나 지금이나 그리스도교도가 가장 사랑한 '인증샷 핫스폿'이다.

켄터베리

런던 동남쪽에 위치한 켄터베리는 세를 확장하던 그리스도교가 브리튼 지역에서 처음으로 깃발을 꽂은 도시다. 이런 이유로 켄터베리 대주교는 숭고한 지위를 지녀 영국 국왕의 대관식을 맡아서 주관하곤 해왔다. 1953년 영국 엘리자베스 2세Elizabeth II(재위 1952~2022) 여왕의 대관식도 켄터베리 대주교가 주관했는데, 그는 여왕에게 기름을 붓고 국가의 검劍, 주권의 구球를 바치며 성 에드워드 왕관을 씌우면서 대관식을 완성했다.

하지만 켄터베리가 성지가 된 것은 대주교의 권세와 지위가 높아서가 아니라 12세기에 이곳에서 온 세상을 충격에 빠트린 살인사건이 발생했기 때문이다. 대주교 토머스 베켓Thomas Becket은 교회 권

캔터베리대성당

익을 수호하고 교회에 대한 국왕의 간섭에 반대하면서 원래 사이가
좋았던 국왕 헨리 2세Henry II(재위 1154~1189)와 크게 다투었다.

헨리 2세는 부아가 치밀어 가는 곳마다 불만을 토로했다. "내가
덜 고통스럽도록 그놈 입 좀 다물게 만들 사람 어디 없나?"

그 말을 듣고 충성심은 강하나 머리는 텅텅 빈 기사 네 명이 곧
장 캔터베리대성당으로 달려가 토머스 베켓을 살해했다.

신성한 전당에서 대놓고 그리스도교 수호자를 때려죽이다니, 이
건 신에 대한 모독이었다. 말이 씨가 된다는 걸 뼈저리게 체험한 헨

리 2세는 온 유럽에서 욕이란 욕은 다 먹고 당시 교황마저 그와 절교 선언을 해버렸다. 모든 사람에게 토머스 베켓 대주교 살해 배후자이자 공범으로 취급받은 헨리 2세는 억울해서 미칠 지경이었다. 그는 한 가지 이치를 깨달았다. 원망의 마음이 담긴 말을 입 밖에 내면 안 된다는 것을 말이다. 말 한 마디가 불러올 연속 공격이 마지막에 어떤 식으로 당신을 다치게 할지 당신은 영원히 알지 못한다. 헨리 2세는 훗날 맨몸으로 켄터베리까지 걸어가 토머스 베켓의 묘 앞에 엎드리고는 모든 수사에게 자신을 마음껏 채찍질하게 했다. 뒤이어 국왕은 무릎을 꿇고 참회하며 십자군을 이끌고 성지로 가서 전쟁하는 것으로 속죄하겠다는 뜻을 대중에게 보여주었다.

사람들은 순교한 토머스 베켓의 거룩함을 찬양하고 그가 인간 세상에서 신의 권력이 세속과 왕권의 위협을 받지 않도록 굳게 지켜내며 자신의 생명을 기꺼이 바친 데 탄복해 마지않았다. 그래서 이 열사가 순직한 현장으로 성지 순례를 가는 사람들의 행렬이 줄을 이었다. 토머스 베켓 대주교는 순교한 지 2년 만에 시성諡聖되어 그리스도교에서 또 한 명의 인기 있는 성인이 되었다.

몸을 바쳐 순교한 토머스 베켓의 희생과 정조는 피비린내 나는 살인사건을 신의 이적과 비즈니스 기회로 전환시켰다. 켄터베리 주민은 토머스 베켓의 피를 적신 천을 구해다가 이런 소문을 퍼트렸다. "이 천을 만지기만 하면 실명, 간질병, 나병이 나을 수 있다." 그리고 얼마 지나지 않아 캔터베리대성당 수사들도 작은 병에 '성

캔터베리대성당에서 살해된 토머스 베켓 대주교

수聖水'를 담아 여행객에게 팔기 시작했다. 토머스 베켓의 피와 물을 희석해서 만든 성수라 병을 치유하는 신기한 효능이 있다고 홍보하면서 말이다.

당신이 믿든 안 믿든, 많은 이들이 성수의 신기한 치료 효과를 공유했고, 켄터베리를 찾는 성지 순례자의 발길은 지금까지도 계속 이어지고 있다.

로마

로마를 그저 로마제국의 수도로만 생각하지 않길 바란다. 그리스도교도를 가장 매섭게 박해한 제국의 중심으로서 로마는 순교자가 가장 많은 지역이다. 게다가 예수의 위대한 두 제자 성 바울과 성 베드로가 이곳에서 순교한 후 313년에 이르러 콘스탄티누스 황제Constantine the Great(재위 306~337)는 그리스도교 합법화를 선포하고 두 성자의 무덤에 각각 성당을 세웠다. 그중 성베드로대성당은 끊임없는 보수와 증축을 거쳐 오늘날 세계 최대 규모 가톨릭교회가 되었다. 덕분에 로마도 예루살렘과 함께 성지 순례자들이 꿈꾸는 양대 성지 자리에 올랐다.

성경에는 '희년禧年'이라는 개념이 언급되어 있다. 희년에는 신의 은혜를 반드시 전해야 한다. 따라서 모든 신도에게 자유를 알리며 '대사indulgentia'를 반포한다. '대사'란 신이 인류의 죄를 한없이 용서해주는 것을 말한다. 신의 자비는 대사 기간에 강력한 진공청소기처럼 삶의 모든 먼지를 빨아들여 인간이 정결한 상태로 돌아가게 만든다.

1300년은 로마 교황청이 최초로 희년을 경축한 해다. 당시 교황은 그해를 '모든 죄를 용서하는 해'라고 선포했다. 물론 신도들이 죄 사면을 받기 위해서는 성지 순례 같은 일정한 조건을 갖춰야 했다.

당시 동방의 예루살렘은 이교도에게 점령당한 상태라 성지 순례가 어려웠다. 그래서 교황은 성 바울과 성 베드로의 무덤 앞에서 온 마음을 다해 참회 기도를 올리겠다고 선언했다. 로마 현지 주민은 30일, 외부에서 온 관광객은 특별히 그 절반인 15일 동안 기도하면 평생 모든 죄를 사면 받을 수 있었다.

교통이 불편하던 당시 그해에만 '대사'를 위해 신에게 기도하러 로마로 몰려든 사람 수가 20만 명에 달한 것으로 추정된다.

제2차 세계대전이 끝난 후 어수선하던 때 교황 비오 12세Pius XII(재임 1939~1958)는 1950년을 희년으로 선포했다. 그는 모든 사람이 로마를 찾아와 서로 용서하고 포용하며, 과거의 우정을 회복하고 평화롭고 사랑이 넘치는 새로운 세계를 함께 만들어가기를 바란다며 두 팔 벌려 환영했다. 이를 위해 희년 맞이 신의 자비 '선물'이 대방출되면서 기도일수를 채울 필요도 없어졌다. 로마 4대 성전을 한 번씩 다녀오고 자신의 죄를 완전하게 고백하면 사면 받을 수 있었던 것이다. 그해 300만 명 가까운 성지 순례자가 로마를 찾아와 죄 씻음을 받고 마음의 평안을 얻는 여행을 완수했다.

희년이 되면 그리스도교도는 물론 로마 관광업계 종사자도 덩달

비비아노 코다치 〈성베드로대성당 외부 전경〉
1636년경, 캔버스에 유채, 168x220cm, 프라도미술관 소장

아 기뻐했다. 희년 맞이 준비를 위해 로마 숙박시설은 그 수가 두 배로 늘었다. 로마시 관광국은 로마를 찾은 관광객이 단순히 4대 성전만 방문하는 것이 아니라 로마의 비경도 함께 둘러볼 수 있도록 특별한 일정표를 선보였다. 이로써 신도들이 속죄와 여행이라는 두 가지 목적을 한 번에 달성하며 큰 기쁨을 누릴 수 있도록 한 것이다.

로마 교황청은 특별한 이유를 제외하고 25년마다 희년을 경축한다. 다음 희년은 2025년으로 정해졌다. 당신은 신을 믿는가? 죄 사함을 받기를 갈망하는가? 아니면 그냥 젤라또를 먹으러 로마에 가고 싶을 뿐인가? 로마행 비행기표를 미리 예약해두어야 할 것이다.

산티아고데콤포스텔라

성지 산티아고데콤포스텔라Santiago de Compostela는 오늘날 스페인 서북쪽에 위치한 곳이다. 예수의 열두 제자 중 하나인 야고보는 스페인에서 7년간 전도를 했다. 서기 44년 무렵, 열두 제자 가운데 첫 번째로 순교한 야고보는 사형을 앞두고 침착하면서도 두려워하지 않는 태도로 자신을 고발한 사람들을 감화시켰다. 야고보는 죽은 뒤 현지에 묻혔는데, 몇 년 후 그의 유골이 묻힌 정확한 위치를 아무도 찾아내지 못해 유럽의 모든 그리스도교 신자가 이를 마음의 짐처럼 여기게 되었다.

그러다 9세기에 이르러 한 은사가 밤하늘에 반짝이는 별빛을 따

산티아고데콤포스텔라

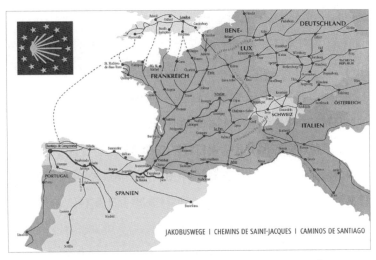

산티아고 순례길 ©Manfred Zentgraf, Volkach, Germany(CC BY-SA 3.0)

라가다 숲속 깊숙한 곳에서 야고보의 묘지를 발견했다. 사람들은 그곳에 성당을 지어 성 야고보를 기념했다.

'산티아고Santiago'는 '성 야고보', '콤포스텔라Compostela'는 '수많은 별의 땅'이라는 뜻이므로 '산티아고데콤포스텔라'는 '수많은 별 아래에 있는 성 야고보'를 의미한다.

어디에서 출발했든 종점 산티아고데콤포스텔라에 도착하는 노선은 모두 성지 순례길이며, 순례길을 완주해 '수많은 별의 땅'에 도착한 신도는 죄 사함을 받고 구원을 얻을 수 있다고 전해진다.

중세 이래로 '수많은 별의 땅'으로 향한 경건한 그리스도교도가 도처에 있었는데, 근대에 이르러서는 순례길에 '세계에서 가장 아름다운 도보 코스'라는 그럴듯한 이름이 붙었다. 전 세계 각지에서 온 배낭여행객, 신체 건강한 사람들이 모여들면서 순례길은 관광 '성지'로 진화했다. 이곳에 다녀오기만 하면 가장 트렌디한 관광객이 될 수 있다.

산티아고데콤포스텔라대성당은 순례길에 오르는 여행객에게 순례자 여권 크레덴시알Credencial을 발급해준다. 수집광이라면 반드시 신청하길 바란다. 순례길에서 만나는 숙소 알베르게, 성당, 시 청사 등지에서 스탬프를 받을 수 있다. 하지만 경건하고 신성한 종교성을 강조하기 위해 이 여권은 도보 여행, 자전거나 말을 타고 가는 성지 순례자에게만 해당된다. 여권을 소지하고 성 야고보의 무덤까지 100킬로미터 전부터 온전히 도보로 완주할 수 있다면 '콤포스텔라Compostela'라는 순례 완주 증명서를 받을 수 있다.

어떤 이유로 출발했든 일상생활을 떠나 신체적 한계를 뛰어넘어 온몸으로 대자연의 시험에 응했다면, 그 증서는 그저 얇은 종이 쪼가리에 불과한 것이 아니라 용감하게 나아간 우리의 결심과 끈기 있게 완성한 의지력의 증표인 것이다.

출발이 곧 여행의 의미다

어느 성지를 향해 가든 출발하기 전 순례자는 보통 현지 성당 신부에게 축복을 받고 먼저 충분히 고해성사를 한다. 순례길(까미노)에서 당신이 순례자라는 걸 드러내려면 기본 복장과 장비를 착용하는 것을 잊지 말기 바란다. 튼튼하고 마모에 강한 신발, 가죽이나 양모로 만든 망토, 챙이 넓은 차양모자, 물을 담는 표주박, 걸을 때 유용한 나무 지팡이, 기도할 때 쓰는 휴대용 성경.

이런 복장을 하고 있으면 멀리서도 순례자라는 걸 단번에 알 수 있다. 이렇게 신분 표시를 하면 적잖은 혜택을 누린다. 순례길을 가는 도중 수많은 수도원에서 음식, 숙소, 기도 장소를 제공해준다. 순례길에서 만난 이들은 말린 음식과 식수를 통 크게 나눠준다. 가는 길이 고되고 힘들기는 해도 기념품을 구경하는 소소한 재미 속에서 쉬어갈 수 있다. 수많은 예술가가 종교적 테마에 맞게 정성껏 만든 소품들이다. 예수상 배지, 성수가 담긴 작은 병, 세밀하게 만든 소형 성인 유품, 성 야고보의 무덤으로 가는 여정에서 가장 중요

순례길에서 볼 수 있는 '가리비' 도로 표지

한 상징인 가리비 등 종류도 다양하다.

전해지는 이야기에 따르면, 성 야고보가 죽은 후 시신을 스페인으로 운구하는 길에 폭풍우가 몰아쳐 시신이 이베리아반도 해안까지 떠내려갔는데 가리비들이 시신을 덮어 보호해서 전혀 손상을 입지 않았다. 따라서 순례자 여권이 없던 중세에는 '수많은 별의 땅'으로 향하는 모든 여행자가 보호와 비호의 상징으로 가리비 껍데기를 옷이나 등짐에 달고 이동했다. 이 밖에도 가리비 껍데기의 부챗살처럼 퍼져 나가는 선은 한 점에서 시작되는데, 이는 세상의 모든 길이 산티아고 순례길로 통한다는 것을 상징한다. 더 중요한 것은 가리비에 굉장히 실용적인 기능이 있다는 점이다. 가리비는 필요하면 언제든 물을 뜨거나 밥을 먹는 용기 대용으로 쓸 수 있다.

무사히 돌아오기만 하면 친구들에게 자랑을 늘어놓을 수 있는 기념품이 생기고, 무엇보다 앞으로 기도하는 순간마다 주님의 은혜를 경험한 순례길 경험을 다시금 떠올리게 될 것이다.

당신은 언제 여행을 떠나고 싶은 생각이 드는가?

쳇바퀴 구르듯 반복되는 삶에 염증을 느낄 때? 학업과 업무 스트레스로 지나치게 경직되어 있을 때? 좌절과 실패를 겪으며 유난히 내 뜻대로 안 된다는 생각이 들 때? 많은 경우 우리가 익숙한 생활을 벗어나려는 목적은 영혼을 잠식하는 일반적인 업무에서 벗어나 마주하고 싶지 않은 상태와 감정에서 멀어지기 위해서다.

낯선 무언가를 향해 나아가는 것은 새로 정리하기 위함이다. 익숙하지 않은 곳으로 가서 더듬더듬 조심스럽게 앞으로 나아간다. 고단하고 불편하며 여러 잠재적 위험이 있는 상황에 맞춰 적응하다 보면, 비로소 진실한 자기 모습과 마주하는 것 같은 기분이 든다. 길을 걸으며 각양각색의 낯선 사람과 교류한다. 길동무에게 의존하기도 하고 행인에게 의지하기도 하면서, 사람은 원래 이토록 아무 사심 없이 진실하게 서로를 도울 수 있는 존재임을 발견한다. 본래 세상은 넓고 사람들은 저마다 다양한 모습으로 살아간다. 만약 소심하고 작은 것에 연연했던 사람이라면 '육체적 가출'이 '영혼의 자유'를 가져다줄지도 모른다.

당신에게 꼭 신을 위해 떠나라고 말하는 것은 아니다. 당신 자신을 위해 걸음을 떼보는 게 어떻겠냐는 것이다. 그 여정에 신의 이적은 없을 가능성이 다분하다. 순례길 끝에 있는 성인도 이미 세상을 떠나고 없다. 우리가 떠나는 건 다시 돌아오기 위해서일 뿐이다. 돌아와서 새로운 시야와 새로운 마음가짐으로 다시 인생을 잘 살아보기 위한 것이다. 나는 종교라는 포장을 제거한 이것이 바로 성지 순례의 진정한 의미라고 생각한다.

11

마르틴 루터

그는 경건한 수사이면서 신학 박사 학위 소지자였다. 성경 연구를 가르치던 대학 교수로 신약성경 전체를 달달 외울 수 있었고 신앙을 향한 자신의 거대한 열정을 두고 그 누구의 의심도 허용하지 않았다.

하지만 교황은 그를 가리켜 '주님의 포도밭(교회)을 짓밟는 멧돼지'라고 칭했다. 신성로마제국 황제는 그를 악마의 화신으로 간주하며, 암암리에 또는 대놓고 그의 작품을 읽는 것과 그를 돕고 지지하는 것을 금지하고 그를 보면 즉시 잡아들이라는 명령을 내렸다.

그는 유럽 종교개혁의 거센 풍랑을 일으킨 장본인이었다. 그의 말 한 마디 한 마디가 밤낮으로 로마 교황청을 몸서리치게 만들었다. 세상을 완전히 뒤바꾼 이 남자는 오늘날 그리스도교의 선각자, 하느님의 목자, 수많은 현대 유럽인의 마음속에 가장 위대한 독일인으로 칭송받는다.

16세기 시대의 대변인이자 시대의 검, 그는 바로 마르틴 루터Martin Luther다. 원래 그는 일평생 묵묵히 잠자코 있을 수도 있었다. 하지만 터무니없는 면죄부가 이 남자의 마음에 파문을 일으키며 전투력을 급상승시켜 강렬하게 역사 무대로 진출하게 만들었다.

돈이 있으면 제 마음대로 할 수 있는 면죄부

사람으로 태어났으므로 나는 유죄다. 죄송하다.

그리스도교 세계관에서 사람은 날 때부터 죄가 있다. 모든 사람이 태어나자마자 아담이 금지된 선악과를 몰래 따먹고 사탄의 꾐에 넘어가 타락한 죄를 이어받는다고 생각한다. 이 죄는 대대로 이어져 소멸되지 않기 때문에, 사람은 끊임없이 선한 행동을 하고 속죄하며 평생을 살아야 한다.

그런데 우리는 사람이라 잘못을 저지르기 쉽다. 메일을 보내면서 그림 첨부를 안 한다거나 묻지도 않고 국수에 고수를 얹는다거나 사무실에서 단체로 애프터눈 티를 주문하는데 누군가를 빠트린다거나 하는 이런저런 '죄'를 자기도 모르게 지으며 살아간다. 따라서 흠 잡을 데 없이 완벽하게 선한 사람이 되어 천국에 들어가기란 정

말 어려운 일이다. 하지만 극악무도
한 죄를 지어 곧장 지옥에 떨어지
는 것도 그리 쉬운 일은 아니다. 조
금 간사하고 조금 악한 평범한 사
람들은 죽어서 어디로 가게 될까?
천국과 지옥 사이에 신은 특별히
'연옥煉獄'이라고 부르는 곳을 마련
했다. 연옥에서 우리 몸에 있는 죄
악을 정화시킨 뒤 열심히 반성하고
회개하며 영혼을 깨끗이 하면 천
국에 갈 기회를 얻을 수 있다.

마르틴 루터
(Martin Luther, 1483~1546)

왠지 죽어서도 꽤나 번거로운 삶을 살아야 하는 것처럼 느껴
진다. 하지만 걱정할 필요 없다. 로마 교황청이 발급하는 면죄부를
구매하기만 하면 죽은 뒤 당신의 몸은 '세탁'되어 연옥을 건너뛰고
천국으로 직행할 수 있다. 그야말로 가장 값어치 있는 쿠폰 아닌가!

면죄부라는 흥미로운 개념은 십자군 원정 때 최초로 발명되
었다. '성전聖戰'을 향한 응집력과 참여도를 높이기 위해서 교황 우르
바누스 2세는 십자군 원정 참여자나 원정을 후원하는 사람들에게
살면서 지은 모든 죄를 없애줄 수 있다고 선포했다.

마르틴 루터가 활동하던 시대의 교황 레오 10세Pope Leo X(재임
1513~1521)는 예술을 사랑한 피렌체의 부호 메디치 가문 출신으로
화려한 문화 창작 사업을 가장 좋아했다. 그는 엄청난 돈을 쏟아

르네상스 예술가 라파엘로가 그린 교황 레오 10세
(Pope Leo X, 1475~1521)

부어 자기 대관식을 호화롭고 성대한 예술 축제처럼 꾸미고, 예술가 수천 명을 물색해 사람들이 다니는 거리에 아치문을 세운 뒤 길을 따라 생화와 조각상을 가득 깔았다. 르네상스 시대 유명한 미남 예술가 라파엘로Raffaello에게 건축 총감독직을 맡겨 성베드로 대성당을 재건하게 했는데, 이 역시 어마어마한 돈이 들어간 대공사였다.

경비를 마련하기 위해 레오 10세가 소리쳤다. "날이면 날마다 오는 기회가 아님! 죄가 많은 사람은 특별 할인! 최강 효력! 100퍼센트 속죄!"

한마디로 교황이 뻥튀기한 면죄부를 반포한 것이다. 이 면죄부를 구매한 사람은 '완전한 속죄'와 '모든 죄에 대한 용서'를 누릴 수 있었다.

"이게 무슨 헛소리야?" 마르틴 루터는 면죄부의 효력을 믿기는커녕 분노가 치밀었다. 그는 이런 영리행위 자체가 이미 신앙의 신성성과 거룩함을 심각하게 더럽혔다고 생각했다.

95개 논제: 인쇄술의 위력

이것은 심각한 도덕 문제다. 살인과 방화를 저지른 범죄자가 얼마간의 돈을 송금해 면죄부를 사면 신이 이체 금액을 확인한 즉시 범죄자의 모든 죄가 사라지고 영혼이 정화된다는 것인데, 당신은 이게 상상이 되는가?

신이 이러시면 안 되죠! 우리의 도덕적 결함 또는 누가 봐도 확실한 실질적인 위법행위인데, 어떻게 돈으로 죄의 가격을 매겨 징벌을 대신할 수 있단 말이죠?

마르틴 루터는 신앙생활에서 신을 향해 고해성사하고 참회하는 것은 인간이 진실하게 신을 마주하고 자신의 잘못을 뉘우치는 일이라고 생각했다. 진심으로 잘못을 인정하고 벌을 달게 받아야만 잘못된 행동을 바로잡고 정신적 승화를 이룰 수 있다고 보았다. 신의 대변인을 자부하던 로마 교황청이 두려운 형벌을 피하고 싶은 평범한 사람들의 심리를 이용해 속죄를 돈벌이 수단처럼 둔갑시키다니, 쇼를 해도 정도껏 해야지!

이제 신도들은 시간을 들여 반성하거나 열심히 잘못을 뉘우칠 필요도 없고 돈만 쓰면 만사형통이었다. 옳고 그름 따위는 누구도 알 바 아니다. 결과가 어떠하든 돈만 있으면 제 마음대로 망나니처럼 살 수 있었다. 마르틴 루터는 이것이 신앙과 완전히 배치되는 일이라고 굳게 믿었다. 신에게 죄 사함을 받는 유일한 길은 진심으로 회개하는 것이며, 면죄부는 신의 형벌로부터 절대 구원이 될 수

면죄부를 판매하는 교회

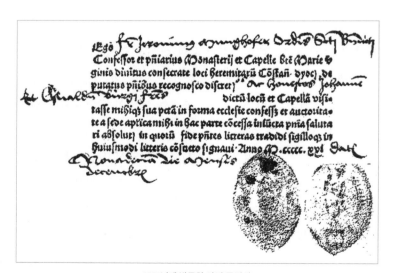

1521년에 발급한 사면 증명서

없다고 생각했다. 면죄부 발행은 순전히 교회의 탐욕이 빚어낸 결과이며, 이런 탐욕은 신앙의 신성성을 파괴하고 인간과 신의 관계를 분열시켰다고 보았다.

신학 교수로서 마르틴 루터는 95개 논제로 면죄부가 지닌 각종 비판을 거침없이 열거했다. 1517년 그는 현지 교회 문에 '95개 논제'로 알려진 「면죄부의 능력과 유효성에 관한 논쟁Disputatio pro declaratione virtutis indulgentiarum」을 붙이며 자유로운 토론을 유도했다.

마르틴 루터는 자신의 행동이 종교개혁의 신호탄이 될 줄은 꿈에도 생각지 못했을 것이다. 그는 신학 토론의 장을 열어 교회 인사들이 면죄부 판매를 깊이 반성하길 바랐을 뿐이다. 마치 요즘 SNS에 공개적으로 글을 올려 자기 학술적 논점을 공유하고 다양한 방면의 친구들이 참여해 댓글을 달며 논의해주길 바라는 개념이랑 비슷하다. 원래 그가 기대한 것은 친구들이 눌러주는 '좋아요'와 댓글 몇 개 정도였을 것이다.

그런데 뜻하지 않게 현지의 수많은 학생이 이 공고문을 보고 토론했다. 심지어 누군가가 라틴어로 쓰인 공고문을 독일어로 번역하고 15세기에 요하네스 구텐베르크Johannes Gutenberg가 발명한 인쇄기를 사용해서 대량으로 찍어 발행했다. 그렇게 '95개 논제'는 독일을 넘어 유럽 전역으로 빠르게 퍼져 나갔다. 이번에는 '좋아요' 개수만 폭증한 게 아니라 전재 및 공유량도 수직상승했다. 이 모든 게 마르틴 루터의 상상을 뛰어넘는 것이었다. 글을 써서 붙이고 어느 순간 정신을 차려보니 그는 인플루언서가 되어 있었다.

교회 문에 '95개 논제'를 게시하는 마르틴 루터
독일 종교개혁 100주년을 기념해 1617년에 제작된 인쇄물

과학기술은 마르틴 루터를 변화시키고 역사도 바꾸었다. 인쇄술이 없었다면 마르틴 루터는 기껏해야 현지 학생들 사이에서 의견이 분분한, '사회 현실에 불만을 갖고 분노하는' 교수 정도로 그쳤을 것이다. 활자판 인쇄라는 새로운 과학기술은 대량 인쇄를 가능하게 했고, 빠른 속도까지 얻음으로써 마르틴 루터의 95개 논제가 당시 로마 교황청의 권위에 도전할 만큼 널리 퍼져 나가게 만들었다. 루터의 글은 유럽의 기존 정치 및 종교 질서를 뒤흔들었고 그를 인생 최대 위기로 몰아넣었다.

1518년 마르틴 루터는 로마 법원이 보낸 소환장을 받았다. 그가 로마 교황청을 비방하고 이단적인 언사를 일삼았으니 60일 안에 로마 법정에 출정하라는 내용이었다. 그후로 3년간 그는 홀로 자신의 펜과 입으로 종교 역사상 가장 뜨거운 전투를 벌였다.

언쟁의 신: 이것이 나의 입장이다

마르틴 루터가 살던 시대에 이단으로 지목되는 것은 거의 목숨이 날아가는 일이나 다름없었다. 재판이 끝나면 화형대에 묶일 준비를 해야 할 판이었다. 마르틴 루터는 이런 부담 앞에서도 95개 논제를 바탕으로 끊임없이 자기 종교 사상을 확대 발전시켰다. 그는 게르만 지역 민중에게 로마 교황청이 도덕 실추와 무능을 각성해야 한다고 호소했다. 또 로마 교황청이 지방에서 제멋대로 재물을 빼앗고 권력을 남용한다며 강하게 비난했다. 지방의 제후와 귀족에게 로마 교황청의 권력 장악과 사치를 막아내야 한다고 독려했다. 그는 로마 교황청이 각종 복잡한 의식과 제도로써 신도를 제약하고 있다고 비판했다.

마르틴 루터의 말이 지닌 전투력은 막강했다. 그러나 로마 교황청이 누구인가? 로마 교황청은 풀만 뜯어먹는 온순한 양이 아니었다. 1520년 교황은 각지에 공고문을 붙여 마르틴 루터가 범한 41개 오류를 열거하고 그의 저술을 불태우라는 지시를 내리면서, 마르틴 루터에게 그가 한 모든 주장을 철회하라고 요구했다. 하지만 강직한 성격의 마르틴 루터 교수는 이에 질세라 동료와 학생들을 모아 학교 광장에서 공개적으로 교황의 교서를 불태웠다.

이듬해 화가 머리끝까지 난 교황은 마르틴 루터에게 그리스도교 세계에서 가장 엄중한 벌을 내렸다. 마르틴 루터를 교적敎籍에서 삭제한 것이다. 이는 결코 가볍게 볼 일이 아니다. 그리스도교인 신분을 박탈하는 것은 그리스도교에서 가장 매서운 징벌로, 다른 말로는 '파문Excommunicatio'이라고 한다. 파문은 그리스도교 세계에서 내쫓겨 신도 포기할 만큼 구제불능 상태가 되었다는 의미로, 교황청의 가장 무서운 저주였다. 이제부터 유럽 세계에서 누구든 너를 죽일 수 있다. 네게 묵을 곳을 제공하고 도와주며 너를 인정하고 동정하는 사람은 누구든 모든 재산과 지위를 박탈당하고 대대손손 그 화가 미칠 것이다. 정말이지 집단 따돌림의 최상급이라고 해도 과언이 아닐 정도다.

보름스 의회에 출석한 마르틴 루터

작센 선제후 프리드리히 3세
(Friedrich der Weise von Sachsen, 1463~1525)

상황이 상황인지라 마르틴 루터의 목숨이 경각에 달렸다. 당시 신성로마제국 황제 카를 5세는 보름스 의회를 열어 마르틴 루터에게 공개적으로 잘못을 인정할 수 있는 마지막 한 번의 기회를 주었다. 그는 마르틴 루터가 제후들이 한자리에 모인 제국의회에서 자신의 언사가 부적절했다는 걸 인정하고 그동안의 모든 주장을 철회함으로써 로마 교황청의 실추된 명예를 되찾아줄 수 있을 거라고 기대했다.

그러나 마르틴 루터는 우리를 실망시키지 않았다. 날카로운 성격의 그가 던진 말은 하나같이 비수처럼 예리하고 강력했다.

"성경이나 다른 명확한 근거로 설득하지 않는 이상, 난 성경에 기록된 내용만 따르고 신의 말씀에만 순종할 것이다. 내가 한 어떤 주장도 철회할 수 없고 철회할 생각도 없다! 양심에 어긋나는 것은 위험하고 잘못된 것이기 때문이다. 난 그렇게 하지 않을 것이다. 이것이 나의 입장이다. 신께서 나를 도우시리라. 아멘."

회의가 끝난 후 카를 5세는 신성로마제국에 교황의 명을 받들어

시행하라는 조서를 내렸다. "마르틴 루터는 제국의 죄인이자 공공의 적으로 누구든 그를 때려죽일 수 있다."

빈농으로 변장해 도망친 마르틴 루터는 작센 선제후 프리드리히 3세Friedrich der Weise von Sachsen의 도움으로 작센 지역에 숨어 1년 가까이 지냈다. 일급 지명수배자가 되어 사는 데도 마르틴 루터에게서는 어떤 불안이나 두려움을 찾아볼 수 없었다. 그는 꾸준히 글을 쓰고 발표했다. 여전히 대담하고 날카로운 문장으로 자신의 '언어적 패권'을 적극적으로 확장시키며 종교개혁의 거센 파도를 일으켰다. 이 시기에 마르틴 루터는 라틴어 『성경』을 일반인도 읽을 수 있게 독일어로 번역하는 중요한 일을 완수했다.

믿음으로 구원을 얻는다
: 나도 신에 가까워질 수 있다

마르틴 루터는 믿음이 곧 자유의 원천이라고 생각했다. 그리스도교인은 교회에 얽매일 필요도, 신부를 통할 필요도 없다. 신을 향한 믿음으로 신에게 직접 기도하기만 하면 신의 은혜를 받을 수 있다. 믿는다는 건 그렇게 간단한 것이다. 이것이 바로 '이신칭의以信稱義(오직 믿음으로써 의롭다고 칭해지는 것)'다. 너무 간단한 방법이다. 믿으려는 마음이 있고 꾸준히 기도하기만 하면 신과 가까워질 수 있다. 신부의 설교를 들을 필요도, 교회의 복잡한 예식에 참여할 필요도 없다. 마르틴 루터의 이런 발언은 평범한 사람을 끌어들이는 힘이 있었다.

마르틴 루터는 믿음의 원천은 곧 성경을 읽는 것이라고 생각했다. 성경을 읽고 이해할 수 있으면 신의 뜻을 이해할 수 있고, 우리가 가고 있는 길이 신이 우리를 인도한 길이라는 걸 알 수 있다. 그는 모든 사람이 스스로 성경을 읽을 수 있도록 성경을 독일어로 번역했다.

그 이전에 성경은 주로 라틴어나 히브리어로 쓰였다. 라틴어는 학술적으로 우아한 언어였기 때문에 관련 교육을 완벽하게 받지 않으면 읽거나 이해하기가 어려웠다. 그런데 독일어는 일반인이 쓰는 입말이라 글자를 알면 쉽게 익숙해질 수 있었다.

마르틴 루터는 누구나 스스로 성경을 읽고 이해할 수 있도록 성경을 독일어로 번역하는 일 말고도 모든 아이가 기본적으로 글자를 익히게끔 끊임없이 북돋웠다. 이를 위해 그는 자기 생각을 적은 글을 꾸준히 발표했다. 1530년에 쓴 「자녀를 학교에 보내야 하는 것에 관하여Eine Predigt, dass man Kinder zur Schulen halten solle」에는 다음과 같은 내용이 있다.

"세속적인 정권은 국민이 자녀를 학교에 보내도록 강제할 책임이 있다고 생각한다. 이는 유익한 일이며…… 부모의 자녀를 빼앗으려는 게 아니다. 그들 자신과 공공의 이익을 위해 반드시 교육을 받아야 하기 때문이다."

이처럼 이 종교개혁 전쟁의 신은 신학적 주장에 대해서만 공헌한 게 아니라 의무교육의 필요성을 강력히 주창하고 국가가 반드시 국민에게 교육을 제공할 책임을 져야 한다고 일깨우기도 했다.

마르틴 루터의 주장은 근대 서유럽 공교육 발전에 심대한 영향을 끼쳤다. 1557년 그는 자신이 머무르던 비텐베르크 공국에서 역사상 최초로 의무교육법을 공포했다. 덕분에 종교개혁 이후 몇십 년 만에 게르만 지역과 북유럽의 신교도 문맹율이 눈에 띄게 개선되었다. 마르틴 루터가 종교개혁의 추진력에 힘입어 새로운 교구, 나아가 유럽 최초의 국민기초교육을 탄생시켰다고 할 수 있다.

그런데 지나치게 신에게 가까워져서인지 마르틴 루터는 두려워하거나 겁내는 것이라고는 없어 보였다. 온 세상과 등을 지는 한이 있더라도 그는 전혀 동요하지 않았다.

"나는 조심하고 존경하는 것이 무엇인지 모른다. 나는 급진적이고 비판적이며 두려움이 없다……. 나는 군중이 반대한다고 해서 위축되지 않을 것이다. 사실 그들이 분노할수록 내 정신은 더욱 드높아진다."

과거에 로마 교황청을 향해 도전장을 던진 신앙인 가운데 더러는 위축되어 물러나고 더러는 희생되었다. 종교개혁은 한 시대의 산물이 아니라 수많은 사람의 오랜 노력이 이뤄낸 결과물이다. 물론 혼자서 어려움을 무릅쓰고 끝까지 치열하게 싸우면서 강해진 용기로, 유럽 전체가 뜨거워질 때까지 개혁의 불꽃을 타오르게 만든 마르틴 루터의 공로는 인정해야 마땅하다.

당신은 당신이 고수해온 이상을 위해 얼마나 멀리까지 갈 수 있는가?

나는 천만 명이 나를 가로막는 것은 두렵지 않다. 다만 스스로 항복할까 봐 그것이 두려울 뿐이다. 강자에게 강함으로 맞서는 것, 이것이 바로 마르틴 루터의 고집이었다.

분주한 카우보이

어디에도 구속받지 않는 자유로운 남자, 챙이 넓은 모자를 쓰고 질긴 작업복으로 온몸을 감쌌다. 허리에는 리볼버를 차고 통가죽 부츠를 신었으며 쏜살같이 달리는 말을 타고 정면으로 다가온다!

그는 거칠고 사납다. 소탈하고 시원시원하다. 술집에서는 맥주만 주문한다. 그의 총은 자비가 없다. 그는 매일 여자를 꾀거나 결투만 하는 것 같다.

괜히 번거롭게 고민할 필요 없도록 바로 답을 알려주겠다. 그는 카우보이다. 할리우드 영화에 자주 등장하던 그 카우보이.

실제 역사에서 카우보이는 그다지 낭만적이거나 멋지지 않았다. 그들에게는 외로운 광야에서 하루 15시간 이상 극도로 고된 일에 종사하는 것이 일상이었다.

4년 동안 계속된 남북전쟁이 1865년 막을 내린 후 미국은 역사적으로 '대호황 시대Gilded Age'에 진입했다. '대호황 시대'라는 말 그대로, 당시는 미국의 부가 폭발적으로 증가하고 시장이 번창하며 환호성을 내지르던 시대였다. 산업화가 급속히 진행됨에 따라 기술노동자가 필요해지면서 아메리칸 드림을 꿈꾸는 유럽 이민자 수백만 명이 미국으로 유입되었다. 미국 경제가 호황을 누리고 산업 종사자의 수가 급증하자 곧 육류 소비시장의 엄청난 수요가 일어났다.

생각해보자. 마침내 눈이 번쩍 뜨일 만큼 짭짤한 임금을 손에 쥐었는데 풀떼기를 먹겠는가 아니면 고기를 실컷 먹겠는가? 온종일 육체노동에 시달렸는데 두툼한 비프스테이크와 샐러드 중 어느 쪽이 당신의 피로를 풀어줄 수 있겠는가? 틀림없이 고기 쪽에 손이 갈 것이다.

미국인 사이에서만 고기에 대한 어마어마한 수요가 있었던 게 아니다. 같은 시각 유럽 시장에서도 미국산 소고기를 갈망했다. 1860~1890년까지 30년간 미국이 서유럽에 수출한 육류와 관련 제품 무역액은 150만 달러에서 1,730만 달러로 급증했다.

그 시기에 교통 인프라 건설을 강화한 것이 미국 목축업의 확장을 부추긴 측면이 있다. 남북전쟁이 한창일 때 미국 철도의 총 길이는 4만 8,000킬로미터에 불과했으나 1900년에는 30만 킬로미터를 웃돌았다. 이는 당시 유럽 각국의 철도를 전부 더한 것보다 긴 수치였다. 광활한 미국 서부 지역에 촘촘하게 철도망이 깔리고 동서를 가로지르는 철도가 하나둘 완공되었다. 이렇게 발달한 교통망 덕분에 서부 목축 지역의 육제품을 인구가 집중된 미국 동부로 운송하고, 나아가 대서양 너머 유럽 시장으로 수출할 수 있게 되었다.

육제품 시장 수요가 늘어나고 철도 교통으로 상품 유통이 원활해지면서 목축업은 남북전쟁 이후 넓디넓은 서부 초원에서 가장 크고 빛나는 황금알을 낳는 산업이 되었다.

그러니 카우보이들이여, 역사가 그대를 부르고 있다. 함께 모험의 시대를 맞이할 준비를 하자!

성가신 소 때문에 한없이 바쁜 카우보이

남북전쟁 이후 미국의 목축 지역은 엄청난 시장 수요로 인해 남부의 텍사스주에서 시작해 북쪽과 서쪽으로 점차 확대되었다. 목장 수가 증가하고 규모가 확대되자 각지에서 동종업계 종사자들이 모여들었다.

그들 가운데 대부분은 빈곤에서 벗어나 부자가 될 수 있는 기회를 찾아 카우보이가 된 사람들이었고 범죄자도 소수 섞여 있었다. 감옥살이를 피해 드넓은 서부로 와서 목장을 은신처로 삼은 것이다. 부푼 꿈을 안고 온 젊은이들도 있었다. 도시 생활이 따분하고 지루한 나머지 사랑과 모험 정신을 믿고 서부를 찾은 것이다. 양심

텍사스롱혼

없는 사장과 차디찬 기계가 덜그럭대는 곳에서 죽도록 일만 하느니 차라리 소탈하게 말 타고 질주하면서 세상을 즐기겠다는 생각이었다.

하지만 이상은 언제나 현실과 괴리가 큰 법.

카우보이의 주 업무는 소 떼를 보살피고 관리하는 것이다. 미국 카우보이가 한 번에 관리해야 하는 소는 적게는 수백 마리, 많게는 3,000마리에 달했다. 수백수천 마리 소를 산책 시키고 밥을 먹이는 건 굉장히 고된 일이었다.

당시 목장에서 주로 기르는 소의 품종은 텍사스롱혼이었는데 뿔 길이가 보통 2.5미터 이상으로 자랐다. 평상시에는 성격이 온순하지만 한번 심사가 뒤틀리면 사납고 난폭해서 카우보이 열 명이 붙어도 당해내지 못했다.

소를 건드리고 싶은 사람은 없었지만 서부 대평원에는 가만히 있는 소를 건드리는 동물이 많았다. 서부에서 자유롭게 노니는 야생마나 동면에서 막 깨어나 음식을 먹어야 하는 흑곰이 자칫 방심하는 사이 방목지로 들어와 소 떼를 당황시키고 통제 불가능한 상태로 만들곤 했다.

그래서 카우보이들은 가이드처럼 매일 소 떼를 데리고 나가 풀을 먹이고 확실하게 떼 지어 드나들게 해야 했다. 또 보디가드처럼 정해진 시간에 말을 타고 방목지 주변을 순찰하면서 들짐승과 약탈하려고 호시탐탐 노리는 아메리카 원주민을 쫓아내기도 해야 했다.

카우보이는 보모처럼 사시사철 소 떼를 지키고 보살폈다. 비가 오는 봄이면 소들이 길을 제대로 안 보고 풀 뜯는 데만 집중하느라 진흙 구덩이에 빠지곤 하는데, 그때마다 카우보이들이 출동해 소를 구해주었다. 지나치게 무덥고 건조한 여름이면 방목지에 불이 나지 않도록 도랑을 여러 개 파서 초원에 방화선을 만들었다. 일이 많은 가을이 되면 카우보이들은 소 떼가 겨울을 날 수 있게끔 여물을 부지런히 비축해두었다. 추운 겨울에는 우박과 눈이 자주 내렸기에 온종일 불을 피워 따뜻하게 할 수 있는 땔감을 모아 소들이 동사하지 않도록 대비해야 했다.

이들은 정기적으로 행하는 일상적인 업무에 불과했다. 카우보이에게 가장 힘든 일은 생각만 해도 지치는 '장거리 소몰이'였다.

'장거리 소몰이'는 나이가 찬 소 떼를 목장에서 대도시까지 몰아가는 것을 가리킨다. 서부에는 철도역이 있어서 동부까지 소 떼를 기차로 실어 보내 시장의 소고기 수요를 만족시키고, 소의 경제적 가치를 최대로 끌어올릴 수 있었다. 산지인 텍사스에서는 소 한 마리 가격이 3~5달러밖에 안 되는데 중서부에 가면 30~40달러에 팔 수 있고, 동부 대도시 뉴욕에서는 85달러까지 값이 폭등하기

1898년 콜로라도 목장

때문이다.

그러니 가는 길이 아무리 험해도 소를 몰고 갈 수밖에 없었다.

일반적으로 '소몰이 팀'은 11~12명으로 구성하는 것이 이상적이다. 사장, 말을 돌보는 사람 1명, 인력거꾼 2명, 주방장 1명, 카우보이 6~7명이 소 2,000~3,000마리를 데려간다. 소 떼와 소몰이 팀은 매일 빨리 이동할 수 없었다. 소들이 너무 많이 움직여서 다이어트에 성공하는 지경에 이르면 안 되기 때문이었다. 그러면 소고기 맛을 좌우하는 마블링이 지나치게 줄어들 수 있다. 따라서 하루 평균 16~24킬로미터씩 갈 수밖에 없었다.

소 3,000마리를 데리고 먼 길을 가는 카우보이들을 떠올려보자. 소는 관광버스를 탈 수도 없고 통행할 수 있는 고속도로도 없었다. 장거리를 이동하다 보면 가파른 고개를 넘고 물살이 센 강을 건너야 할 때도 있었다. 카우보이들은 고산지대 길잡이처럼 소들이 한 발 한 발 산을 오를 수 있도록 격려하기도 하고, 액티비티 교관처럼 인내심을 가지고 소들이 대담하게 급류를 통과할 수 있게끔 유도하기도 했다.

예고도 없이 강을 따라 떠내려오는 나무, 별안간 천둥 번개를 동반하며 쏟아지는 소나기는 소들이 놀라 도망치게 만들 수 있었다. 수많은 소가 강을 건너는 도중 이리저리 날뛰다가 어린 소들이 급류에 떠내려가거나 소용돌이에 휩쓸리는 일도 왕왕 발생했다. 카우보이들은 이런 힘든 상황에서도 소들을 침착하게 가라앉힐 수 있는 카리스마가 있어야 했다. 큰 소리로 외치거나 걷어차고 때리는 등 온갖 수단을 다 동원해 소 떼를 '자, 진정하고 가던 길을 계속 가 Keep Calm and Carry On!'도록 만드는 것이다.

대자연이 주는 시련 외에도 장거리 이동에서는 아메리카 원주민이 일으키는 소란이나 무장 강도의 공격에도 미리 대비해야 했다. 소 떼를 보호하기 위해 카우보이들은 전투 장비를 갖추고 있었다. 총으로 적에게 경고 사격을 하거나 심각한 경우 직접 맞붙어 싸우기도 했다. 저승사자는 옆에 숨어 있다가 수시로 나타나 카우보이의 체력을 시험하고 정신력과 의지력을 강화시켰다. 장거리 이동을 할 때면 카우보이들은 매일 적어도 18시간 이상 긴장된 상태를 유지해야 했다. 만약 모든 일이 무사히 진행되고 날씨마저 평온하면 카우보이들은 밤에 5시간을 잘 수 있었다. 악천후를 만나거나 예기치 못한 일이 발생했을 때는 1시간만 잘 수 있어도 감지덕지였다.

본업에 종사하지 않은 카우보이들

1964년에 발표된 영화 〈황야의 무법자A Fistful Of Dollars〉는 영화사에서 서부 카우보이 영화의 고전이라고 할 만큼 유명한 작품이다. 이 오래된 영화는 '인터넷 영화 데이터베이스Internet Movie Database, IMDb'에서 평점 8점을 기록하고 있는 명작이다. 줄거리는 아주 단순하다. 사격에 일가견이 있는 어느 카우보이가 멕시코의 작은 마을에 나타나면서 벌어지는 이야기다. 마을에는 라이벌 관계인 두

영화 〈황야의 무법자〉(1964)

헨리 맥카티(빌리 더 키드)
(Henry McCarty, 1859~1881)

갱이 있는데, 서로를 없애고 마을의 일인자가 되기 위해 매일같이
애쓴다. 멋쟁이 카우보이 남자 주인공이 마지막에 모든 골칫덩이를
해치우고 마을을 다시 예전처럼 평화롭고 행복하게 만든다는 게
주된 내용이다.

이 영화로 스타덤에 오른 배우 클린트 이스트우드Clint Eastwood는
터프한 사나이의 대명사가 되었고, 극중에서 남자 주인공이 전광석
화처럼 총을 뽑아 의로운 일을 행하는 모습은 영화 흥행과 더불어
우리 마음속에 '카우보이 이미지'로 각인되었다.

가장 유명한 카우보이라면 '빌리 더 키드Billy the Kid' 헨리 맥카티
Henry McCarty를 빼놓을 수 없다. 그는 수많은 영화, 책, 게임 속 캐릭
터의 원형으로, 총을 뽑아 발사하기까지 불과 0.3초밖에 안 걸리는
명사수였고, 그를 가리켜 서부 지역에서 폭도를 몰아내고 선량한

민중을 평안하게 만든 협객 카우보이라고 말하는 사람도 있다. 하지만 동시에 그는 수많은 살인사건을 저질렀고 심지어 보안관을 죽이고 도망자 생활을 한 적도 있다. 그는 때로는 매력 넘치고 친절하며 예의바른 모습을 보이고, 때로는 길길이 날뛰며 눈 하나 꿈쩍 하지 않고 사람을 죽이기도 했던 것이다. 전설적인 지명 수배자인 그를 잡기 위해, 당시 미국 서부 지역 곳곳에 빌리 더 키드 현상금이 적힌 수배 포스터가 붙었다. 보안관과 범죄자의 대결은 빌리 더 키드가 보안관이 쏜 총에 맞아 현장에서 즉사하며 막을 내렸다.

하지만 우리는 이미 카우보이의 실제 생활이 어땠는지 앞서 살펴봤기에 〈황야의 무법자〉의 남자 주인공이든 빌리 더 키드든 둘 다 본업에는 충실하지 않은 카우보이였다는 것을 알 수 있다.

성실한 카우보이는 날마다 방목지에서 소를 돌보느라 바쁜데, 총알을 이리저리 날리며 종일 사격술을 연마할 시간이 어디 있겠는가? 진정한 카우보이는 총을 빼는 속도보다 울타리를 수리하는 속도가 훨씬 빠를 것이다.

오리지널 카우보이는 1년 내내 대부분의 시간을 초원에서 소를 방목하고 소를 몰며 지낸다. '장거리 소몰이' 때에만 소 수천 마리와 함께 번화한 도시에 갈 기회가 생긴다. 간신히 소들을 열차에 태우고 나면 겨우 긴장감을 털어내는데, 어느 카우보이가 갱과 결투를 벌이고 싶겠는가? 자기가 먼저 나서서 보안관을 도발할 만큼 할 일 없는 카우보이가 어디 있겠느냐는 말이다. 소들을 열차에 태우고 나면 카우보이들은 얼른 값을 치르고 해방되어 놀 생각에 바

빴다. 그렇다. 술집에 가서 술 마
시고 도박하며 여자들과 시시덕
거리는 게 그들의 다음 일정이
었다. 그 시대에는 그보다 더 정
상적인 심심풀이는 없었다.

하루가 멀다 하고 술집에서
술 마시며 도박하는 카우보이가
있다면 그게 바로 비정상인 것
이다. 싸움박질하고 범죄를 저지
를 틈이 어디 있는가? 얼른 목장
으로 돌아가서 소들 챙기기도
바빠 죽겠는데!

시어도어 루스벨트
(Theodore Roosevelt Jr. 1858~1919)

영화가 카우보이의 일상을 있는 그대로 찍기란 사실 어렵다. 내
셔널 지오그래픽 채널에서나 볼 법한 소 방목 영상을 누가 보고 싶
어 하겠는가? 총격전이나 결투도 없고 격정적이면서 긴장감이 느껴
지는 스토리도 없다. 실제 역사에서 카우보이는 이처럼 소박하고
수수하며 무미건조한 하루하루를 살았다. 은혜는 은혜로, 원수는
원수로 갚는 그런 속 시원한 쾌감은 없고 오로지 힘든 환경을 이겨
낸 굳은 의지와 결단력밖에 없었다.

한때 목장을 경영한 시어도어 루스벨트Theodore Roosevelt Jr.(재임
1901~1909) 미국 대통령은 우리가 만약 카우보이에 대해 알고 싶다
면 카우보이의 주된 업무 환경인 방목지를 잘 살펴봐야 한다고

했다. 왜냐하면 카우보이는 그곳에서 평생을 보내며 필생의 사업을 하기 때문이다. 카우보이는 침착함, 인내심, 강인한 의지로 죽음을 마주할 수 있다. 용감함, 호의적인 태도, 고생을 견디고 모험을 두려워하지 않는 정신을 지닌, 굴하지 않는 아메리카의 선구자다.

카우보이 정신의 상상과 확대

대만 사람인 나와 미국 카우보이의 거리가 가장 가까운 물건이 내 옷장 안에 있다. 바로 겉멋이 잔뜩 들어간 카우보이 외투인데, 나는 그 옷을 입을 때마다 내가 엄청 멋있어 보인다고 생각한다. 실제는 전혀 그렇지 않지만 말이다.

미국 문화는 카우보이 정신과 매우 밀접하게 연관되어 있다. 미국 역사학자 윌리엄 새비지William W. Savage는 이렇게 말했다.

"만약 카우보이라는 이미지가 없으면, 저속한 것이든 고상한 것이든 미국 문화가 어떤 모습이 될지 사람들은 상상하기 힘들다. 이를 대신할 다른 이미지를 찾기란 정말 어렵다. 우주비행사, 총잡이, 슈퍼맨 등이 한 시대를 풍미했지만, 그 어느 것도 카우보이 이미지를 압도하지 못했다."

카우보이의 황금시대는 너무 짧았다. 1860년대부터 번성하기 시작한 카우보이 업계는 1890년대에 이르러 내리막길을 걷기 시작했다. 당시 미국 땅의 40퍼센트가 목축용 토지였는데, 육류 공급 과잉으로 가격이 폭락하면서 수많은 목장 주인이 파산하고 말았기 때문이다.

미국 역사에서 카우보이가 인기 직업이던 시기는 찰나에 불과했지만 카우보이 정신은 미국과 영원히 동의어로 남았다. 카우보이는 미국인의 마음속에 변방을 개척하고 황야를 정복한 선구자인 동시에 자유분방함을 상징하는 개인주의자, 용감함과 진취적이고 낙관적인 열정을 대표하는 문화 아이콘이었다.

나는 이 모든 게 이후에 나온 영화와 소설의 각색 덕분이라고 생각하지 않는다.

누군가로 하여금 고향을 떠나 미지의 서부로 가서 개척하고 카우보이 외투를 입게 만든 원동력은 멋짐이 아니라 용기였다는 사실을 알아야 한다. 카우보이를 맞이한 건 탄탄대로가 아닌 험난한 여정이었다. 서부 방목지는 대부분 울타리가 없는 노천 목장이었기 때문에 가장 원시적인 방목 방식으로 운영했다. 삶을 마주하고 도망가지 않는 대신 가장 빠른 방식으로 황량한 들판에 스스로를 적응시키는 것, 이것이 카우보이 정신이다.

땅은 넓고 사람은 적은 미국 서부 목장에서 해야 할 일이 너무나 많았다. 방목하기, 말 타고 순찰 돌기, 편자 교체하기, 소뿔 자르기, 초원 화재 대책 강구하기, 약탈하러 온 무리 방어하기 등. 이 모든 일을 거의 혼자 다 맡아서 해야 하는 막중한 업무 스트레스를 카우보이가 감당할 수 있는지 여부는 개인의 정신력과 창의력에 달려 있었다. 끝없는 광야에서 당신이 어디에서 왔든 집안 배경과 사회적 지위는 아무 의미가 없었다. 당신 자신만이 스스로를 도울 수 있다는 것, 이것이 카우보이 정신이다.

동부 도시의 공장에서는 매일 반복적으로 기계를 다루고 사람과 사람 사이에는 분업으로 인해 차가운 간극이 생겼다. 그에 비하면 서부의 카우보이들은 생기 넘치는 삶을 선택할 수밖에 없는 운명처럼 보였다. 왜냐하면 그들은 매일 모든 활력을 쏟아 부어야만 끝없이 펼쳐진 황량한 들판, 민첩하고 용맹한 원주민, 통제하기 힘들 정도로 폭주하는 소 떼를 정복할 기회가 생기기 때문이다. 마비된 듯 무감각하게 사느니 차라리 매일 운명과 싸우겠다는 마음이 바로 카우보이 정신이다.

이쯤 되니 여자를 유혹하던 카우보이 이미지는 상대적으로 가볍고 천박하게 느껴진다.

삶을 향한 더 많은 기대가 있기에 지금 있는 이곳에서 어딘가로 나아가고, 끊임없이 삶의 공간을 개발하며 꾸준히 시야를 넓혀가고자 하는 것. 머리부터 발끝까지 카우보이처럼 차려입지 않더라도 이런 카우보이 정신을 지녔다면 어디를 가든 멋져 보이지 않을까?

윈스턴 처칠

옥스퍼드 대학교에서 '성공의 비결'이라는 제목의 강연이 열렸다.

현장은 청중과 언론 매체 기자들로 인산인해를 이뤘다. 청중은 강연자에게서 성공의 비법을 들을 수 있다는 높은 기대감으로 초조하게 강연이 시작되기를 기다렸다.

만인이 주목하는 가운데 강연자가 무대에 올랐다. 그는 잠시 숨을 고른 뒤 입을 열었다.

"절대 포기하지 마십시오! 절대, 절대, 절대로 포기하지 않길 바랍니다. 어떤 상황이 닥쳐도 포기하지 마세요! 영예와 지혜를 향한 신념과 고집 말고는 어떤 것도 포기할 수 없습니다. 모든 걸 압도하는 것처

윈스턴 처칠
(Winston Churchill, 1874~1965)

럼 보이는 적의 힘에 절대로 굴복하지 마십시오!"

강연자는 16초 만에 말을 마치고 무대를 내려왔다.

몇 초간 정적이 흘렀다. 청중은 강연을 보러 온 시간과 노력이 아깝다는 생각을 하기는커녕 감정이 북받친 듯 열렬한 박수로 화답했다. 박수소리는 오래도록 그칠 줄 몰랐다. 테드TED는 강연자에게 18분 동안 전 세계인의 마음을 움직일 강연을 부탁하는데, 이 강연자는 단 16초만에 전 세계를 감동시켰다.

대체 이유가 뭘까? 16초 강연에는 빈말이 전혀 없었다. 그의 "절대로 포기하지 말라"라는 말 한 마디 한 마디가 영국인의 마음에 이름처럼 각인된 것이다.

누구일까? 그는 영국 국영 방송국 BBC에서 진행한 '가장 위대한 영국인 100인' 설문조사에서 1위를 차지했다. 영국 총리를 지내고 제2차 세계대전 기간에 영국 국민을 하나로 응집시켜 영국을 실패의 언저리에서 승리로 이끈 사람, 그는 바로 윈스턴 처칠이다.

젊은 시절에는 멋지고 반항적인
꽃미남이었다

역사 교과서 등에서 윈스턴 처칠의 사진을 본 적이 있는가? 그렇다면 곧바로 이중 턱에 찌푸린 인상, 배가 불룩 튀어나온 대머리 뚱뚱보 아저씨 처칠을 떠올릴 것이다.

하지만 누구나 젊었을 때가 있고 모든 뚱뚱보도 '유망주'일 때가 있다. 청년 시절 수려한 미모를 자랑하던 윈스턴 처칠을 절대 간과해서는 안 된다. 만난 지 6일 만에 결혼하고 싶은 충동이 들 정도로 그는 잘생긴 미남이었다.

윈스턴 처칠은 1874년 11월 30일에 태어났다. 그의 아버지는 영국 귀족이자 정치가였고 어머니는 미국 부잣집 딸이었다. 권력과 돈의 결합은 세상을 향한 호기심이 가득하고 자기 주관이 뚜렷한 도련님, 윈스턴 처칠을 낳았다.

윈스턴이 태어나기 전까지 영국인은 '처칠'이라고 하면 그의 조상, 제1대 말버러 공작 존 처칠John Churchill을 먼저 떠올렸다. 이 공작은 영국의 전쟁 영웅으로, 스페인 왕위 계승 전쟁에서 당시 오만하게 날뛰던 프랑스의 태양왕 루이 14세Louis XIV(재위 1643~1715)를 무너뜨리고 프랑스 해군을 거의 전멸시키다시피 했다.

100여 년 후 처칠 가문의 영광은 역사에 새로운 방점을 찍었다. 20세기에 이르러 마침내 이 '전쟁 영웅' 처칠을 뛰어넘는 후손이 등장한 것이다. 이제부터 언급되는 처칠은 존 처칠이 아니라 윈스턴

1895년 스물한 살 청년 윈스턴 처칠

처칠이라는 점을 기억하시라.

처칠은 어렸을 때 여느 영국 귀족처럼 일곱 살에 곧장 기숙학교에 들어가 공부했다. 하지만 제멋대로에 반항적인 그의 성격이 기숙학교의 엄격한 규율과 부딪히며 적잖이 체벌을 당했다. 열두 살이 되던 해 그는 유명 귀족사립학교 해로스쿨에서 공부했다. 그는 학업 성적이 형편없었으며 주요 과목인 라틴어는 아예 포기했다. 수학은 오늘날 많은 학생이 그러하듯 "못 하면 못 하는 거지" 하고 말았다. 그는 "난 흥미가 없으면 배우지 못한다"라고 말하기도 했다. 세상에! 어쩜 이렇게 핑계도 판박이인지!

그래도 처칠은 처칠인지라 그는 역사와 영어 글쓰기에서 발군의 실력을 뽐냈고, 자기가 좋아하는 분야에서는 언제나 엄청난 열정과 천부적인 재능을 나타냈다. 라틴어는 도무지 외우지를 못하고 백지를 제출하기도 했던 그가 로마 서사시는 1,200행을 한 번도 틀리지 않고 줄줄 암송할 정도였다. 셰익스피어 희곡 작품에 나오는 대사도 막힘없이 외울 수 있었다. 선생님이 수업 중 『햄릿』을 인용하다 틀리기라도 하면 평소에는 학습 부진아인 처칠이 곧바로 손을 들고 선생님의 실수를 바로잡았다.

아이가 이러면 부모가 당연히 걱정할 수밖에 없을 것이다. 이렇게 편식하듯 공부를 하니 어쩜담? 이 반항적인 기질을 어떡하면 좋아?

나는 교사로서 똑같은 경우를 수도 없이 접했다. 아니나 다를까, 윈스턴 처칠의 아버지가 아들을 위해 선택한 방법도 요즘 부모와 크게 다르지 않았다. 일반 학교에서 이런 식으로 공부할 바에야 차라리 군사학교로 보내 고되게 굴리는 게 낫겠어!

그리하여 윈스턴 처칠은 군사학교를 다니게 되었다. 하지만 성적이 너무 안 좋아서 삼수 끝에 겨우 입학할 수 있었다. 그러니 모든 부모여, 이런 윈스턴 처칠을 보고 자녀들을 보며 마음을 넓게 가지길 바란다! 당신의 마음을 애태우는 아이도 저마다 살 길을 찾아가니 말이다.

어찌 되었든 역사를 좋아하는 아이는 비뚤어질 걱정이 없다. 윈스턴 처칠은 군사학교를 다니면서 마침내 본인만의 공부 방법을 찾기라도 한 듯, 졸업할 때 성적이 졸업생 130명 중 20등을 차지했다. 나쁘지 않은 성적 아닌가!

글쓰기에 소질이 있는 데다 역사적 사고방식을 가진 그는 군사학교를 졸업하고 종군기자가 되었다. 쿠바, 인도, 남아프리카 등지를 방문해 정보를 수집하며 강인한 의지를 단련하고 시야를 넓혔다. 지속적으로 글을 쓰고 발표하면서 언어의 힘을 통해 자기 목소리를 세상에 알리는 법을 일찌감치 깨우쳤다.

성공이란 실패에서 또 다른 실패에 이를 때까지 열정을 잃지 않는 것이다

1899년 영국은 남아프리카 식민지 쟁탈을 위해 네덜란드계 후손 보어인과 보어전쟁을 벌였다. 당시 윈스턴 처칠은 영국 신문 『모닝 포스트The Morning Post』의 종군기자로서 남아프리카의 상황을 취재 보도했다.

그런데 남아프리카에 도착한 지 얼마 되지 않아 처칠은 군대를 따라 장갑열차에 타고 있다가 매복 중이던 보어인의 습격을 받고 포로수용소에 갇히게 되었다. 그런데 신기하게도 이 두뇌 회전이 빠른 기자는 한 달도 안 되어 혼자 과감하게 탈출에 성공한 뒤 주駐 남아프리카 영국 영사관으로 숨어들었다. 꼴이 너무나 우스워진 보어인은 현상금 25파운드를 내걸고 도주한 윈스턴 처칠을 체포하라며 긴급 수배령을 내렸다.

윈스턴 처칠은 이처럼 긴장감 넘치고 짜릿한 탈옥 경험을 책으로 펴냈고 이 책은 나오자마자 영국 베스트셀러에 오르며 열띤 논쟁을 불러일으켰다. 덕분에 윈스턴 처칠의 명성은 하늘을 찔렀으며 경선에서 유리할 만큼 인기를 누렸다. 1900년 3월, 영국으로 돌아온 윈스턴 처칠은 스물여섯 살이라는 어린 나이에 선거에 출마해 무난하게 하원 의원에 당선되었다.

윈스턴 처칠은 정계에 발을 들인 후 통상장관, 해군장관, 군수장관, 식민장관, 재무장관 등 여러 관직을 맡아 일했다. 몇 번이나 정당을 바꾸기도 했는데, 보수당에서 자유당으로 당적을 이동했다가 다시 보수당으로 복당한 그는 정치계의 '갈대'라고 해도 지나치지 않을 것 같다.

그는 한때 현명한 결정을 내리기도 했다. 제1차 세계대전 기간에 탱크의 잠재력을 알아보고 영국의 탱크 생산 규모를 확충하는 데 전폭적인 지원을 아끼지 않은 것이다. 또 공군을 확대 편성하도록 힘을 실어주는 한편 전쟁에서 항공기를 적극적으로 활용하게 했다. 물론 정책 집행에 실패한 경우도 있었다. 수학에 약했던 그가 재무장관으로 일하는 동안 잘못된 정책을 추진하다 엄청난 경제적 손실을 야기하면서 전국적으로 파업 소동이 벌어지기도 했다.

그는 결코 완벽한 정치가가 아니었다. 자신감이 지나쳐 오만하고 고집불통이었다. 영국인은 그를 두고 이렇게 말하기도 했다. "만약 윈스턴 처칠이 제2차 세계대전에서 우리에게 승리를 안겨주지 않았다면, 이렇게 오랜 시간 동안 그를 기념하지는 않았을 것이다."

스물여섯 살에 정계에 입문한 뒤 예순여섯 살에 영국 수상이 되기까지, 윈스턴 처칠은 40년이란 시간을 보내고 마침내 역사상 자신의 명성을 길이 빛나게 만들어준 결정적인 순간, 제2차 세계대전을 맞이하게 된다.

나는 절대 세상과 타협하지 않겠다

비통했던 제1차 세계대전을 경험한 후 영국인은 전쟁이라면 학을 뗐다. 1933년 나치스 독일에 아돌프 히틀러가 급부상했을 때도 "다른 나라 일에 이러쿵저러쿵 관여하지 않지"가 대다수 영국인의 생각이었다.

하지만 윈스턴 처칠은 한 수 앞을 내다보고 있었다. 괴상한 마성을 지닌 독일 남자를 심상치 않게 여긴 그는 앞서 영국인에게 경계 태세를 유지하라고 일깨웠다. 절대 경계심을 내려놓지 마, 히틀러는 악독한 인간이야!

그런데 당시 영국인은 제1차 세계대전을 겪고 나서 장기 휴가를 떠나 사랑과 평화를 즐기고 싶은 마음뿐이었다. 윈스턴 처칠, 괜히 겁주지 말아줄래?

1938년 3월 독일은 오스트리아를 병합했다. 괜찮아. 오스트

1901년 하원 의원에 당선된 윈스턴 처칠

리아 쟤네가 좋다잖아. 독일과 오스트리아 병합을 두고 국민투표까지 실시했는데, 투표율이 무려 99.7퍼센트에다 병합에 찬성표를 던진 사람의 비율은 99.6퍼센트나 차지했다며!

1938년 9월 독일은 한 걸음 더 나아가 체코슬로바키아의 수데텐란트 점령을 계획했다. 괜찮아. 몇몇 나라랑 같이 앉아서 이야기 좀 나누면 별일 없을 거야! 이후 영국, 프랑스, 독일, 이탈리아 4개국 지도자들이 모여 회담을 진행하고, 체코슬로바키아에 수데텐란트를 독일에 '양도'하라고 요구하는 뮌헨 협정을 체결했다.

회담에 참석하지도 못한 체코슬로바키아는 말문이 막혔지만 눈물로 협정을 받아들일 수밖에 없었다. 히틀러는 회담에서 이렇게

1928년 9월 30일 체임벌린 총리가 공항에서 군중을 향해
히틀러와 체결한 평화 협정서를 흔들고 있다.

밝혔다. "아주 만족스러운 결과다. 난 그저 체코에 살고 있는 독일
인을 잘 보살피고 싶었을 뿐이며 절대 그 이상을 바라지 않는다. 거
들어주고 배려해준 모두에게 감사한다."

당시 영국 총리 네빌 체임벌린Neville Chamberlain(재임 1937~1940)은
히틀러의 말을 조금도 의심하지 않았다. 런던에 도착한 그는 공항
에서 진행한 언론 인터뷰에서 기뻐하며 이렇게 말했다. "이것이 우
리 시대의 평화입니다."

정치 사기꾼의 맹세를 믿느니 차라리 세상에 귀신이 있다는 걸
믿는 게 낫지.

1939년 3월 독일은 여세를 몰아 체코슬로바키아를 완전히 병합해버리고 9월에는 폴란드를 침공했다. 히틀러의 끝없는 야심으로 제2차 세계대전의 막이 올랐다.

윈스턴 처칠은 체임벌린의 순진함을 비웃으며 이렇게 말했다. "전쟁과 굴욕 앞에서 당신은 굴욕을 택했지. 그런데 굴욕을 겪고도 당신은 전쟁을 마주해야 할 거야!"

윈스턴 처칠은 '우둔함, 경솔함, 착한 마음씨가 악인을 재무장시켜서' 제2차 세계대전이 발발했다고 생각했다.

1940년 체임벌린이 사임하고 윈스턴 처칠이 영국 총리로 취임했다.

윈스턴 처칠의 시대는 이러했다. 우리는 악인에 맞서 절대 굴복하지 않는다!

우리는 끝까지 싸울 것이다

새로운 총리 윈스턴 처칠 앞에 놓인 것은 거의 다 죽어가는 판이었다. 히틀러가 유럽 전체를 뒤흔들며 나치스 독일의 강성함을 널리 선포했을 때였기 때문이다. 나치스 독일은 27일 만에 폴란드를 정복하고 하루 만에 덴마크를 굴복시켰다. 23일 만에 노르웨이를 점령하고 5일 만에 네덜란드로부터 항복을 받아냈으며 18일 만에 벨기에 역시 삼켜버렸다. 유럽 대륙 최강국이던 프랑스마저 나치스

됭케르크 철수

에 맞서 싸우지 않기로 결정했다.

잔 다르크도 없을 때고 나폴레옹도 지난 세기의 영웅이라 프랑스의 힘은 예전만 못했다. 전쟁에 흥미가 떨어진 프랑스는 동료 국가 영국에게 알렸다. "우리 프랑스도 투항할 거야. 너흰 너희가 알아서 해."

다시 한 번 말하지만, 윈스턴 처칠 시대의 모토는 "악인에 맞서 절대 굴복하지 않는다!"였다.

윈스턴 처칠은 이후 전투력을 확보하기 위해서 프랑스에 있던 영국군을 철수시키라고 명령했다. 그 유명한 됭케르크 철수에서 영국은 크고 작은 선박을 죄다 동원해 성공적으로 독일군의 추격을 따돌려 병사 33만 8,226명을 영국으로 철수시켰다. 덕분에 향후 연합국의 반격을 위한 전투 대원과 물자를 다량으로 보존할 수 있었다.

성공적으로 철수한 뒤 윈스턴 처칠은 국회에서 오래도록 회자될 유명한 연설을 했다.

"우리는 끝까지 싸울 것이다. 우리는 프랑스에서도 싸우고 바다에서도 싸울 것이다. 갈수록 커지는 확신과 갈수록 강해지는 힘을 가지고 하늘에서도 싸울 것이며, 어떤 대가를 치르더라도 이 땅을 지킬 것이다. 우리는 해변에서도 싸우고 적이 상륙한 지점에서도 싸울 것이다. 들판과 거리에서도 싸울 것이고 산간지역에서도 싸울 것이다. 우리는 절대 투항하지 않는다. 이 섬 또는 이 섬 대부분의 지역이 정복당하고 굶주림에 시달린다고 해도……, 우리가 투항할 거라 믿은 적은 단 한 번도

프랭클린 루스벨트와 윈스턴 처칠

없다……. 해외에 있는 우리 제국의 신민臣民도 영국 함대의 무장과 보
호 아래 계속해서 싸워나갈 것이다!"

윈스턴 처칠이 이끄는 영국은 굴복하지 않았다. 한때 히틀러는
처칠에게 우호의 손길을 내밀며 이렇게 말하기도 했다. "우리 둘이
세상을 반반씩 나눠 가지고 오래오래 친하게 지내는 거야. 어때?"
　히틀러가 평화협상을 위해 던진 세상을 나눠 가지자는 미끼 앞
에 윈스턴 처칠은 일말의 고민도 없이 히틀러가 탄 '우정의 배'를 즉
시 뒤집어엎었다.
　단칼에 거절당한 히틀러는 마음에 단단히 상처를 입었는지 폭풍

처럼 보복 폭격을 퍼부었다. 거의 9개월 동안 지속적으로 영국에 폭격을 가한 결과 영국 왕궁, 국회, 웨스트민스터 사원 등 어느 하나 멀쩡한 곳이 없었다. 수많은 인명 피해가 발생했고 건축물이 훼손되었다. 폭격으로 하늘이 어두컴컴하고 잔뜩 주눅들어 있던 와중에도 영국인은 '평정심을 유지하고 하던 일을 계속 하자Keep Calm and Carry On'(영국 정부가 제2차 세계대전이 발발하기 몇 개월 전인 1939년에 대규모 공중 폭격이 예고된 가운데 영국 국민의 사기를 돋우기 위해 제작한 포스터 문구—옮긴이)라는 문구를 기억했다. 평정심을 유지하고 하던 일을 계속 하라. 왜냐하면 우리가 끝까지 싸울 테니까!

히틀러는 제2차 세계대전이 시작된 후 처음으로 돌부리에 걸려 휘청거렸는데, 그 돌부리가 결국 히틀러의 숨통을 옥죄었다. 그것은 바로 영국이었고 윈스턴 처칠이었다.

"만약 당신이 지옥을 경험하고 있다면 멈추지 말고 계속 앞으로 나아가길 바란다."

가장 절망적인 시기에 윈스턴 처칠은 시종일관 끝까지 싸우겠다는 다짐을 잊지 않았다. 그렇게 영국이 피투성이가 되도록 고군분투하며 버틴 끝에 소련이 오고 뒤이어 미국도 참전했다. 그때 히틀러는 지하실에서 권총 자살로 생을 마감했다.

전쟁에 승리한 후 국민들에게 본인의 트레이드마크인 V자를 그려 보이는 윈스턴 처칠

절대, 절대, 절대로 포기하지 마라!

이제 시작에서 언급한 16초 강연 내용이 무엇을 나타낸 것인지 이해가 되는가? 그것은 윈스턴 처칠이 영국을 이끌고 제2차 세계대전에서 성공할 수 있었던 비결이었다.

제2차 세계대전이 끝난 후 윈스턴 처칠은 생각했다. 내가 영국을 이끌고 전쟁에서 승리를 거뒀으니 총리 연임은 문제없겠지?(난 내가 이길 줄 알았지만 아니었다. 난 그저 멍하니 개표 결과를 바라보며 영국 국민에게 마지막 축복을 건넬 뿐이었다.)

전쟁이 끝나고 치러진 선거에서 윈스턴 처칠은 참패했다. 총리직은 내려놓았지만 그는 여전히 영국 신사의 우아함을 유지하며 자조적으로 말했다.

"위대한 인물에 대해 배은망덕한 것이 위대한 민족의 특징이다."

그래도 괜찮다. 우리 중 대부분이 영국 총리를 몇 명 모른다. 윈스턴 처칠 이전 총리도 그렇고 이후 총리도 우리는 잘 알지 못한다.

"성공은 종점이 아니고 실패도 치명적이지 않다. 계속 앞으로 나아가는 용기가 있다면 영원할 것이다." 그는 제2차 세계대전 당시 강철 같은 의지를 가지고 행동함으로써 세계사에 처칠이라는 이름을 영원히 아로새겼다.

14

아돌프 히틀러

"어떤 사람이 좋은 사람이고 어떤 사람이 나쁜 사람인지, 당신은 표준 답안을 가지고 있는가?" 우리는 '악惡'과 우리 사이의 거리감을 마치 안개 속에서 꽃을 보는 것처럼 흐릿하게 느끼는 경우가 많다.

하지만 '그'를 '사악함'과 같은 선상에 놓는 일에 의문을 제기할 사람은 아무도 없을 것이다.

그는 역사상 지명도가 가장 높은 동시에 가장 크게 비난 받는 인물, 바로 아돌프 히틀러Adolf Hitler다. 히틀러는 나치스 독일 지도자로 제2차 세계대전과 유대인 대학살을 계획했는데, 이로 인해 최소 4,000만 명이 목숨을 잃었다.

아돌프 히틀러의 어머니와 아버지

두 손에 피를 잔뜩 묻힌 살인범을 일부러 키워내는 부모는 이 세상 어디에도 없다. 히틀러는 태어날 때부터 폭군이었던 것이 아니라 시간이 흐르면서 점차 자기 자신, 독일, 세상을 괴멸시키는 길로 걸어간 것이다. 그의 '사악함'은 개인의 기질이 만들었을까 아니면 군중의 힘으로 생겨났을까?

악마화의 시작: 망가진 예술가

아돌프 히틀러는 1889년 4월 20일 오스트리아에서 태어났다. 그렇다. 그는 사실 오스트리아인이었다. 이후 영원히 지고 가야 할

아돌프 히틀러의 회화 작품

짐을 독일이 지었을 뿐이다.

히틀러의 아버지는 세관에서 일하는 말단 공무원이었고 어머니는 평범한 농촌 가정에서 자란 여성이었다. 그의 아버지는 '정서적 협박'에 능통했다. 그는 매우 사납고 포악한 방법으로 훈육하며 아들이 온전히 자신이 기대하는 대로 따라 살아주기를 바랐다.

"당신이 하라고 하는 일은 죽어도 안

청소년 시절 아돌프 히틀러
(Adolf Hitler, 1889~1945)

해!" 어려서부터 반골 기질이 있던 히틀러는 아버지와 팽팽하게 맞서면서 인생 최초로 권력 투쟁을 경험했다. 그는 아버지와 같은 공무원이 되기를 거부하고 대신 아버지가 가장 반대하는 예술가의 길을 가겠다고 고집했다.

히틀러는 오스트리아 빈 미술 아카데미에 들어가기 위해 두 번 시험에 응시했다. 첫 번째 시험에서 1차는 통과했지만 2차에서 그의 그림 실력이 변변치 않다고 평가한 입학위원회의 결정으로 입학을 거부당했다. 두 번째 시험에서는 1차도 통과하지 못하고 그대로 낙방했다.

나는 이 학교의 입학 심사가 세계사의 향방에 지대한 영향을 끼쳤다고 믿는다. 만약 그때 빈 미술 아카데미가 천부적 소질이 없는 이 학생을 받아들여줬다면, 세상을 증오하고 분개하는 미술 교사 한 명쯤 늘어나는 것으로 그쳤을지 모른다. 하지만 학생들의 실력을 높은 수준으로 유지하겠다고 빈 미술 아카데미가 고집을 부리는 바람에 수많은 사람들의 희생 따위는 아랑곳 않는 전쟁광이 탄생하게 된 것은 아닐까.

시험에 떨어진 히틀러는 악마화되기 시작했다. 그는 자기 실패를 받아들일 수 없었다. 가족과 친구들 얼굴도 보고 싶지 않았다. 고향에 돌아갈 엄두가 나지 않은 히틀러는 계속 빈에 머물며 값싸고 낡은 셋방을 전전할 수밖에 없었다. 수중에 있는 돈마저 바닥이 났을 때는 길바닥에서 잠을 자고 한동안 집 없는 노숙자로 살기도 했다.

살길을 마련하기 위해 히틀러는 엽서에 나오는 풍경을 참고해 작은 유화나 수채화를 그려 돈을 벌었다. 그렇게 돈을 어느 정도 모은 그는 친구와 빈에 작은 아파트를 빌린 뒤 낮에는 그림을 그리고 밤에는 책을 읽었다.

많은 학자들이 당시 그가 어떤 책을 읽어서 훗날 그토록 건방지고 왜곡된 세계관을 갖게 되었는지 궁금해 했다. 하지만 나는 그가 읽은 책이 무서운 게 아니라 그의 책 읽는 방법이 무섭다고 생각한다.

히틀러는 이렇게 말했다. "독서법이란 중요한 것은 기억하고 중요하지 않은 것은 잊어버리는 것이다."

히틀러에게 중요한 것은 무엇이고 중요하지 않은 것은 무엇이었을까? 만약 히틀러 자신이 중요하다고 생각한 부분만 확대하고, 자기가 볼 때 주요 논점과 무관해 보이는 부분은 완전히 폐기해버렸다면? 실제 그런 식으로 책을 읽었다면 그의 편견과 고정관념은 끊임없이 강화되고, 읽을수록 앞뒤가 꽉 막히며 미치지 않고서는 살 수 없는 상황이 될 수밖에 없었을 것이다.

히틀러는 밑바닥에서 곤궁한 생활을 하는 동안 계속 자기 불행을 확대하고, 대체 누가 자신의 딱한 운명을 책임져야 하는지 끊임없이 생각했다. 동시에 극우파와 반유대사상을 포함해 자기 마음에 드는 정치사상과 주장을 지속적으로 접했다.

그중 히틀러가 가장 좋아한 정치인은 당시 빈의 시장이던 카를 뤼거Karl Lueger였다. 카를 뤼거는 임기 중 여러 공공건설 사업을 추진해 빈을 현대화된 도시로 만든 사람이다. 또 반유대주의를 실행한 그는 "마지막 유대인 한 명이 죽기 전까지 반유대주의는 결코 멈추지 않을 것이다!"라며 유대인을 박해하도록 시민을 선동하기도 했다.

예술가의 삶에서 점차 멀어진 히틀러는 제1차 세계대전이 발발하자 독일군에 입대했고 그 후 정치의 길로 들어섰다.

악마적 매력: 불세출의 연설 천재

기대와 달리 예술적 재능이 한참 부족했던 히틀러는 온몸이 만신창이가 되어 뼈저리게 인생의 쓴맛을 보고는 비로소 깨달았다. '나는 그림이 아닌 말하기에 더 적합한 사람이 아닐까.'

제1차 세계대전 당시 히틀러(앞줄 맨 왼쪽)

히틀러는 제1차 세계대전이 끝난 후 그다지 인기를 얻지 못한 정당이던 독일노동당DAP에 가입했다. 당시 독일노동당 인기가 얼마나 형편없었는지를 오늘날의 예로 대신 설명하면, 페이스북 팬 페이지를 만들었다고 할 때 '좋아요' 개수가 50개도 되지 않는 정도였다. 더구나 '좋아요'를 누른 사람도 하나같이 사회에 불만이 많은 사람이거나 아웃사이더뿐이었다.

그런데 이곳에서 히틀러는 마침내 자기 무대를 찾았다. 그는 자신이 군중 앞에서 말을 할 때 유난히 목소리에 호소력이 넘친다는 것을 알게 되었다. 그는 직감적으로 관중의 기분을 느끼고 관중의 공감을 불러일으킬 수 있는 능력이 있었다. 히틀러는 말 한 마디 한 마디에 힘을 실어 단체로 열광의 도가니에 빠질 때까지 청중의 감정을 끌어올렸다.

히틀러의 연설은 마치 교회 목사님이나 신부님의 말을 듣고 충만한 기쁨을 느끼는 전도대회 같기도 하고, 불같이 뜨거운 열정으로 가득한 록 콘서트 같기도 했다. 그는 수완 좋은 말솜씨로 군중의 마음을 취하게 만드는 데 도사였다.

자신의 천부적인 재능을 깨달은 히틀러는 전문적인 무대 총감독처럼 매 연설을 공들여 배치했다. 중요한 연설은 일부러 밤에 진행했는데, 이는 치밀하게 계획된 것이었다. 밤이 되면 사람의 몸에 코르티솔(스트레스 같은 자극에 맞설 수 있도록 에너지를 공급하는 호르몬—옮긴이) 분비가 줄어들면서 휴식 상태에 들어갈 준비를 하게 되는데, 이때는 사람의 판단력이 떨어지기 때문에 정보를 명확하게 알지 못한 채로 받아들이기 쉽다(그러니 지갑을 사수하려면 밤에 온라인 쇼핑몰 방문은 자제해야 한다는 것을 기억하자!).

히틀러는 관중이 연설장으로 가는 통로를 어둑어둑하게 꾸미고 모든 조명을 무대 쪽에 집중시켰다. 무대 위에는 깃발을 잔뜩 꽂고 제복을 입은 추종자들을 열 맞춰 쭉 세워두었다. 어둠에서 빛으로 이어지고 개개인이 모여 무리를 이루게 되는 연출 때문에 관중은 연설장에 들어서자마자 감정이 고조되기 시작했다.

히틀러가 무대에 오르기 전 군악대는 그가 입장할 때마다 배경 음악처럼 깔리는 바덴바일러 행진곡Badenweiler-Marsch을 연주했다. 경쾌하고 드높은 기세가 느껴지는 이 행진곡이 연주되면 현장에 있는 관중은 이내 아찔한 흥분감에 휩싸였다. 하지만 슈퍼스타 히틀러는 바로 입장하지 않고 일부러 시간을 좀 끌면서 무대 아래 관중의 애간장을 태웠다.

정식으로 무대에 오른 뒤에는 잠시 침묵을 유지했다. 20~30초 동안은 아무 말도 하지 않았다. 그러고는 신중하게 말문을 열어 느릿느릿 이번 연설의 서론을 이야기했다. 처음에는 겁을 내고 있나 의심이 들 정도로 조심스럽게 시작했다. 그러다 3~5분간 연설이 이어지고 관중이 점차 자신의 말에 몰입하고 있다는 게 느껴지면 목소리 톤을 높이고 말의 리듬과 어조를 강조했다. 더불어 고개 젓기, 손 흔들기, 눈 깜빡이기, 눈썹 치켜세우기 등 풍부한 보디랭귀지를 활용하고, 다양한 표정과 손짓을 사용해 자신의 감정을 전달했다. 이때 히틀러는 '엔진'을 가동하듯 마음껏 자기 견해를 피력하고, 사람들에게 감동을 불러일으키는 언사, 반복과 대구를 사용한 어구를 거침없이 쏟아냈다. 관중은 이미 무대 위 히틀러와 환상적인 유대감을 형성했다. 그가 말을 맺고 끊을 때마다 휘청이듯 크게 동요하고, 점점 더 열광적인 박수와 함성으로 그에게 화답했다.

히틀러의 목소리는 사람의 마음을 끌 만큼 매력적이기는커녕 금속이 부딪치는 것처럼 귀에 거슬리는 소리가 섞여 있었다. 또 그의 문장은 문법상 틀린 부분도 많았다. 하지만 관중의 열렬한 호응 앞에서 이런 결점은 그의 말이 지닌 강력한 힘을 오히려 더욱 도드라지게 했다. 특히 원한과 위협이 담긴 문장은 분노와 격정적인 감정을 좀 더 효과적으로 표현할 수 있었다.

연설이 끝나면 히틀러는 절대 무대에서 배회하지 않고 즉시 자리를 폈다.

　작은 정당 독일노동당은 1920년 '국가 사회주의 독일노동당 NSDAP'으로 개명했는데, 이것이 오늘날 우리가 아는 나치스Nazis다. 나치스는 민중을 현혹시키는 히틀러의 연설과 함께 점차 세를 늘려갔다.

　1928년 총선에서 나치스는 지지율 2.6퍼센트를 얻어 의석 12석을 확보하는 데 그쳤다. 1929년 미국 월가 주식시장에서 주식 거래가 중단되고 전 세계는 경제 대공황에 빠졌다. 공포심을 자극하는 데 일가견이 있던 히틀러는 선동적인 연설로 이듬해 나치스 지지율을 18.3퍼센트로 끌어올렸다. 600만 명 이상에게 표를 얻은 나치스는 107석을 얻으며 단숨에 국회 제2당으로 급부상했다.

　천부적 재능을 가지지 못해 거리에서 방황하던 화가에서 정치 인플루언서로 변신한 히틀러는 1933년 정식으로 독일 총리가 되었다. 같은 해 3월 열린 총선에서 그가 이끄는 나치스의 득표율은 43.9퍼센트, 1,700만 명 가까운 유권자가 나치스를 지지한다는 의사를 표명했다.

　이는 독일인의 선택이자 이후 독일인이 영원히 히틀러에게서 자유롭지 못하게 된 원인이 되었다. 그들이 히틀러를 연설 무대에서 역사 무대로 데려왔기 때문이다.

아리아인의 승리냐 아니면
아리아인의 멸망과 유대인의 승리냐

미치광이 히틀러는 인생이 끊임없는 투쟁이라고 생각했다. 그는 자서전 『나의 투쟁Mein Kampf』(1925)에서 이렇게 적었다

"인간은 영원한 전쟁 속에서 발전하고 성장하며, 영원한 평화 속에서 쇠퇴하고 소멸한다."

히틀러는 역사란 곧 종족 투쟁의 과정으로, 가장 강하고 우수한 종족인 아리아인이 세계를 통치할 것이며 열등한 종족의 씨를 말려서 이 지구의 순수성을 지켜야 할 의무가 있다고 생각했다. 그가 볼 때 순수하고 고귀한 아리아인을 대표하는 종족은 게르만인(독일인)이었다. 유대인, 슬라브인, 집시, 유색 인종 등은 전부 순수하지 않은 열등한 종족이라 없애면 없앨수록 좋다는 게 그의 주장이었다.

노파심에서 독자에게 당부하는데, 히틀러의 종족 분류는 조금도 신경 쓰지 않길 바란다. 완전히 제멋대로 책을 읽고 정리한, 허점투성이인데다 논리라고는 눈곱만큼도 찾아볼 수 없는 괴상한 이론이기 때문이다.

간단히 말해서 제2차 세계대전과 홀로코스트는 히틀러가 자신이 구축한 종족 이론을 실천한 것으로 볼 수 있다.

"아리아인은 우수하기 때문에 가장 넓은 '생존 공간'을 보유해야 한다. 전쟁 확대는 우수한 아리아인이 '생존 공간'을 확보할 수 있도록 돕기 위한 것이다.

쓰레기나 다름없는 '열등한 종족'은 더는 자원을 낭비하지 못하게 깡그리 없애버리는 것이 상책이다. 따라서 우리가 그들을 침략하고 학살하는 모든 것이 마땅하며 합리적이다. 썩 건강하지 못한 아리아인도 알아서 도태되어야 하기 때문이다. "건강한 자만이 아

1933년 나치스 복장을 갖춰 입은 히틀러

이를 낳을 수 있고……, 이 부분에 대해 국가는 아름다운 미래의 수호자로서 책임을 져야 하며……, 병이 있거나 유전적인 문제가 있는 자는 번식에 적합하지 않다."

무슨 이런 궤변이 다 있을까? 그런데 실제로 제2차 세계대전 당시 나치스 독일은 이런 말도 안 되는 엉터리 논리를 사람들에게 그대로 적용시켰다.

역사에서 악명이 자자한 유대인 대학살이 바로 나치스의 종족말살정책이었다. 1933년 독일 유대인은 52만 명 정도로 독일 총인구의 1퍼센트에 불과했다. 히틀러는 정권을 잡은 뒤 독일에서 철저하게 '탈脫유대인화'를 추진하기 시작했다.

1935년 공포된 뉘른베르크법에는 다음과 같이 되어 있다. "조부

모 4명 중 3명 또는 전부 유대인이면 법률상 유대인으로 간주된다."

이어서 히틀러는 유대인을 사람 취급하지 않는 규제법을 제정했다.

> 독일 국적의 모든 유대인은 공권(공법 규정에 따라 국가와 법인체나 개인 사이에서 인정되는 권리)을 박탈한다.
>
> 유대인은 무기를 소지하거나 소유할 수 없다.
>
> 유대인은 연극·영화를 보러 가거나 음악회 또는 전시회에 갈 수 없다.
>
> '독일인'은 유대인과 결혼 또는 혼외 성행위를 금지한다.
>
> 유대인은 상점을 운영하거나 수공예 사업을 할 수 없다.
>
> 유대인은 여름에 저녁 9시 이후, 겨울에 저녁 8시 이후에는 거주 지역을 벗어날 수 없다.
>
> 유대인은 신문이나 잡지를 구독할 수 없다.
>
> 유대인은 애완동물을 기를 수 없다.
>
> ……

당신은 이게 최악 중의 최악이라고 생각하겠지만 나치스의 끔찍함은 나날이 더해졌다. 이보다 더 사는 게 힘겨울 수 없을 거라 생각하겠지만 지옥은 나날이 깊이를 더해갔다.

언젠가 한 학생이 답답하다는 표정으로 이런 질문을 한 적이 있다. "선생님, 그렇게 박해를 받으면서 유대인은 대체 왜 떠나지 않은 거예요?"

그 사람들 입장에서 한번 생각해보렴. 가족이 수십 년을 살았고 수백 년간 삶의 터전으로 삼았던 곳을 말처럼 그렇게 쉽게 떠날 수 있을까? 아니면 인간 본성에 대한 실낱같은 믿음이 여전히 남아 있었을지도 모르지. 사람이 어떻게 같은 사람에게 그토록 잔인무도한 짓을 할 수 있어? 그게 말이 돼? 하면서 말이야.

하지만 역사는 우리에게 가르쳐준다. 세상을 지나치게 낙관해서는 안 된다고. 현실은 종종 소설보다 더 잔혹하고 연극보다 더 미쳐 날뛴다는 사실을.

1939년 제2차 세계대전의 막이 오른 뒤 나치스는 정신질환이나 신체장애로 입원한 독일인 7만 명 가까이를 생존할 가치가 없다고 판단해 독가스로 안락사시켰다.

1940년부터 독일군은 전쟁에서 승리하며 히틀러의 제국을 확대해나갔다. 이로 인해 덴마크, 노르웨이, 네덜란드, 벨기에, 룩셈부르크, 프랑스에 있던 유대인도 덩달아 화를 입었는데, 매일 수천수만 명이 나치스에게 없애버려야 할 인간으로 낙인찍혀 강제 수용소로 보내졌다.

전쟁이 막바지에 치달을수록 학살은 더 심해졌다. 나치스 기술자들은 1943년 200명이 들어갈 수 있는 기존의 독가스실을 부랴부랴 개조해서 2,000명을 한꺼번에 처리할 수 있도록 공간을 넓혔다.

전쟁에서 독일군의 패색이 짙어지자 열등한 종족을 말살시키겠다는 히틀러의 의지가 전보다 더 강해졌다. 전쟁에 져서 생존 공간을 넓히겠다는 계획을 실현하기 어렵더라도, 마지막 순간에 다른 목표 하나만큼은 달성하겠다고 생각했던 것 같다. 열등한 종족을 최대한 많이 없애자. 많으면 많을수록 좋다…….

악마의 역사가 재현되는 것은
절대 용납하지 않는다

2016년 대만 고등학생들이 개교기념일 행사에서 나치스 분장을 하고 코스튬 플레이를 한 적이 있었다. 새로운 무언가를 시도해보려는 아이들의 창의적인 발상에서 비롯된 것이겠지만 주제 선택이 잘못되었다. 이를 계기로 역사 교육의 허점을 두고 학계의 검토가 이어졌다.

무엇보다 이스라엘 사무소, 주駐대만 독일협회에서 이 일을 한목소리로 비판했다. 대만 총통부에서는 행정기관에 요청해 학교 측에 책임을 추궁하고 관련 국가에 사죄의 뜻을 전했다.

별일 아닌 일에 괜히 호들갑을 떨었다고 생각하는가? 절대 그렇지 않다.

히틀러와 나치스는 인간의 사악함의 극치를 보여주는 상징이다. 그들은 극도로 이성적인 관료 시스템과 산업 체계를 이용한 치밀한 분업을 통해 가장 효율적으로 대학살을 자행했다. 우리 인간은 너

1935년 뉘른베르크에서 열린 나치스 집회

무나 이성적으로 그렇게 잔인한 살육을 저지를 수 있었던 것이다. 정말이지 인류 역사상 가장 견디기 힘든 순간이자 독일인이 영원히 떨쳐버리기 힘든 악몽, 영원히 견디기 어려운 민족적 치욕이 아닐 수 없다.

"나는 강제 수용소에서 처음으로 보낸 그날 밤을 영원히 잊지 않을 것이다. 그 밤은 내 일생을 땅거미가 겹겹으로 에워싼 듯 암울하고 긴긴 밤으로 바꿔놓았다. 나는 그 연기를 영원히 잊지 않을 것이다. 나는 그 아이들의 자그마한 얼굴을 영원히 잊지 않을 것이다. 아이들의 몸은 적막한 하늘 아래 한 줄기 푸른 연기로 변해버렸다. 나는 내 믿음을 송두리째 불태워버린 그 불길을 영원히 잊지 않을 것이다."

루마니아 태생 미국 작가 엘리 위젤Elie Wiesel이 강제 수용소 경험을 기록한 회고록을 읽어보라. 페이지마다 꽉꽉 들어차 있는 절망이 느껴지면서 인간의 실패와 무기력함에 탄식하게 될 것이다.

그렇기에 대단하다며 우러러볼 수도 없고 농담처럼 이야기할 이유도 없다. 실제로 우리가 그렇게 '악'과 한몸이었던 때가 있었으니 말이다.

15

예술을 하면 가난해질까,
부유해질까?

고흐 vs. 피카소

예술을 하면 가난해질까 아니면 부유해질까?

예술사에서 이름만 대면 모르는 사람이 없을 정도로 유명한 두 예술가가 이 질문에 대해 완전히 상반된 답을 줄 것이다.

그림을 그려서 가난에 허덕이다 못해 인생이 고꾸라진 사람은 바로 빈센트 반 고흐Vincent van Gogh다. 반대로 예술을 비옥한 토양으로 키워내 숨 쉴 때마다 돈을 긁어모은 사람은 파블로 피카소Pablo Ruiz Picasso다.

미술이나 미술사 전공자가 아니라면, 또 특별한 미술 애호가가 아니라면 이번 생에는 절대 알지 못할 화가들이 부지기수다. 하지만 고흐와 피카소, 이 두 거장은 누구나 한 번쯤은 들어봤을 회화

계의 글로벌 인플루언서다.

2021년을 기준으로 세계에서 가장 비싼 가격에 거래되는 회화 작품 상위 20점 중에는 고흐와 피카소의 작품이 4점씩 있었다. 이 두 사람보다 더 많은 작품을 순위에 올린 예술가는 없었다.

예술계의 두 거장은 색감 사용도 과감하고 화풍도 진기했다. 둘 다 예술사에서 새로운 이정표를 만들어냈지만, 고흐는 평생 비극적인 삶을 살았고 피카소는 축제 같은 인생을 살았다는 차이가 있다.

별이 빛나는 밤,
팔레트에는 파란색과 회색

〈빈센트Vincent〉라는 노래를 들어본 적이 있는지 모르겠다. 'Starry, starry night'으로 시작되는 노래, 이 가사가 가리키는 것이 바로 고흐의 그 유명한 〈별이 빛나는 밤〉이라는 작품이다. 우리는 〈별이 빛나는 밤〉에서 고흐 작품의 특징인 '강렬함'과 '과장'을 충분히 느낄 수 있다.

화면 왼쪽 편에 우뚝 서 있는 사이프러스 나무는 마치 검푸른 불꽃처럼 지면에서 하늘을 향해 솟구친다. 달과 별은 밤하늘에 커다란 소용돌이를 만드는데, 쉬지 않고 이리저리 떠돌아다니는 모습이 꼭 밤이 규칙적으로 움직이는 듯한 느낌을 준다. 가늘고 긴 교회 첨탑, 비틀리고 변형된 산줄기, 우울하고 음침한 블루톤 그림을 계속 보다 보면, 그림을 그릴 당시 불안하고 조급해하던 고흐의 감정, 구도를 잡을 때 그의 머릿속에 떠오른 기묘하면서 흐릿한 세계가 내 눈앞에 드러나는 것만 같다.

고흐가 정신적 문제를 안고 살아간 것은 이해하기 힘들지 모른다. 하지만 그가 타고난 천재가 아니라 굉장히 성실한 노력형이었음은 알 수 있다. 르네상스 시대 만능 천재 레오나르도 다빈치Leonardo da Vinci가 예

빈센트 반 고흐 〈화가의 자화상〉
1889년, 캔버스에 유채, 65×54.2cm, 오르세미술관 소장

순여섯 살까지 살면서 제대로 집중해서 완성한 작품은 20점도 되지 않는다. 그런데 고흐는 스물일곱 살에 그림을 그리기 시작해 서른일곱 살에 스스로 목숨을 끊기 전까지 유화, 소묘, 판화를 포함해 총 2,000여 점의 작품을 완성했다.

초기에 파리 작업실에서 공부하던 때 고흐가 그린 스케치는 어딘가 서툴고 투박했다. 게다가 괴팍하고 거친 성미라 같이 공부하는 친구들과 잘 어울리지 못해 3개월도 안 되어 작업실을 떠났다. 늦게 시작한데다 재능이 전혀 없다는 평가를 받았지만, 고흐는 착실하게 예술 기본기를 하나씩 익혀나갔다.

"나를 믿어보자. 예술과 관련해 이런 말도 있잖아. '성실함이 최고의 방법이다.' 교활하게 이득을 취하거나 상대방의 기분을 맞추려고 애쓰기보다 차라리 귀찮아도 진지하게 파고드는 쪽을 선택하겠어. 마음이 괴로워서 지름길로 가고 싶을 때도 있긴 있지. 하지만 곰곰이 생각해보고 이내 깨닫게 돼. 아니지! 나 자신을 속일 순 없어, 라고."

이토록 성실하게 그림을 그리던 고흐지만 오랜 시간 불안정한 상황에 있다 보니 몸과 마음은 지칠 대로 지쳐 있었다. 불시에 찾아오는 현기증, 이명, 원인불명의 정신질환에 시달렸다. 그는 사람들을 잘 사귀지 못했다. 가족도 그를 견디기 힘들어 했다. 그러던 중에 고흐는 함께 예술 이야기 나눌 수 있는 친구 폴 고갱Paul Gauguin을 만났다. 하지만 어렵게 사귄 친구 고갱과 같이 살면서 고흐는 매일 같이 싸웠다. 그는 또한 살면서 몇 번 여자를 만나기는 했지만 고약한 성격 탓에 매번 연애를 쉽게 망쳐버렸다. 많이 알려진 이야기지만, 고흐의 미치광이 같은 성미와 관련해 가장 유명한 사건은 그가 칼로 자기 귀를 잘라버린 일이다.

몇몇 현대 의료 전문가들이 고흐의 이 사건을 연구한 미술사학자와 관련 자료의 도움을 받아 시공간을 초월해서 고흐의 병세를 진단하고 분석하고자 했다. 종합 진단 결과 병의 원인이 조울증, 간질, 메니에르 증후군 등 그 무엇이든 간에, 나는 그가 죽어라 노력했지만 평생 '좋아요'를 눌러준 사람이 한 명도 없었다는 사실이 고흐를 무너뜨린 가장 큰 원인이 아닐까 생각한다.

빈센트 반 고흐 〈별이 빛나는 밤〉
1889년, 캔버스에 유채, 73.7×92.1cm, 뉴욕현대미술관 소장

사람이면 누구나 자신을 보여줄 수 있는 무대를 가질 수 있기를 갈망한다. 고흐는 항상 이렇게 스스로를 설득했다. "시간이 지날수록 나는 일하기 위해 일한다는 것이 모든 위대한 예술가의 원칙이라는 믿음이 생겨. 굶주리기 일보 직전이고 모든 물질적 향유를 포기하더라도 낙심하면 안 돼!", "내가 자주 생각하는 게 뭔지 알아? 성공하지 않아도 나는 이 일을 계속할 거라는 거야. 좋은 작품이라고 해서 단번에 사람들의 인정을 받는다는 보장은 없어. 그런데 그게 나랑 무슨 상관이지?"

입으로는 괜찮다고 말했지만 사실 그의 마음은 크게 다친 상태였다. 목숨을 다해 노력한 일인데 어떻게 괜찮을 수 있겠는가?

생전에는 그를 알아봐주는 사람이 없었고, 사후에는 그의 그림을 살 수 있는 사람이 없었다

시인 위광중余光中은 1957년에 번역한 『고흐전梵谷傳』 서문에서 "생전에는 그를 알아봐주는 사람이 없었고, 사후에는 그의 그림을 살 수 있는 사람이 없었다"라고 적었는데, 고흐의 일생과 그림을 단순하지만 정확하게 표현한 문장이라고 생각한다.

다들 예술가가 되면 인생이 고달퍼진다고 생각한다. 유명해지기 전까지는 허리띠를 졸라매고 이를 악물 각오가 되어 있어야 한다. 다만 얼마나 고생스럽고 얼마나 오래 그 고생을 해야 할지 아무도 모른다는 게 문제다.

고흐가 회화 창작에 본격적으로 돌입한 시기는 자신의 짧은 생에서 마지막 10년이었다. 젊었을 때 고흐는 초등학교 교사로도 일하고 전도사로도 일했다. 그러다 스물일곱 살이 되던 해에 정식으로 화가가 되겠다고 결심했다. 남들보다 늦게 시작했기 때문에 누구보다도 열심히 연습할 수밖에 없었다. 그래서 그는 하던 모든 일을 그만두고 매일 필사적으로 그림을 그렸다. 본인도 정말 고생스러웠지만 그 고생이 동생에게까지 미쳤다.

테오 반 고흐
(Theo van Gogh, 1857~1891)

아무리 대단한 화가라도 삼시 세끼 물감을 삼키고 배고플 때 캔버스를 갉아먹으며 생활할 수는 없는 노릇이었다. 사람이 살아가려면 뭐든 음식을 먹어야 했다. 고흐가 열심히 그림을 그릴 수 있었다는 것은 그가 그림을 그릴 수 있도록 누군가 지원을 해주었음을 의미했다. 그 사람이 바로 고흐의 동생 테오 반 고흐Theo van Gogh였다.

고흐는 평생 동안 동생 테오에게 편지를 651통 썼는데 그중 392통은 돈을 달라는 내용이었다. 그림 그리고 돈 달라고 할 줄만 아는 '캥거루족' 고흐를 테오는 한 번도 거절하지 않았다. 형을 향한 사랑으로 그는 고흐에게 도움이 되는 금전적인 후원을 중지한 적이 없었다.

테오의 이런 사랑은 100퍼센트 진심이었다. 그의 직업이 다름 아닌 갤러리 직원이었기 때문이다. 그는 해당 업계에서 걸출한 인물로, 예술품을 전문적으로 감상하는 능력, 관련 업계 인맥과 시장 자원을 보유하고 있었다. 그래서 비록 팔리지 않았다 뿐이지 형이 그린 그림이 얼마나 가치 있는지 알아보는 눈이 있었던 것이다. 그가 형을 후원한 것은 형의 그림으로 한몫 단단히 챙기려는 목적은 아니었다. 왜냐하면 실제로 큰돈을 벌지 못했기 때문이다.

테오는 그저 고흐가 보낸 작품을 계속 받았을 뿐이었다. 비록 팔리지도 않고 공간을 많이 차지하기도 했지만 그는 꾸준히 그림을 받아두었다. 또 형에게 쉬지 않고 답장을 보내면서 테크닉을 다듬고 색감에 변화를 주거나 다른 화가의 작품을 많이 참고하라며 격려하기도 했다. 그리고 형이 계속 작품 활동을 해나갈 수 있도록 가장 중요한 생활비를 동봉해서 보냈다.

혼신의 힘을 다한 작품이었지만 세상은 어떤 반응도 보이지 않았다. 미친 듯이 세상 사람들에게 보여주고 싶었지만 다들 거들떠보지 않았다. 원하던 걸 얻을 수 없었던 고흐는 갈수록 진하게 그림을 그릴 수밖에 없었다. 고흐의 회화 작품에서 강렬한 색채 대비와 겹겹이 칠한 물감을 볼 수 있다. 선명한 색조와 두터운 필치는 사람들에게 보여주고 싶다는 암호가 아니었을까?

테오가 그의 이런 강렬한 심정을 모를 리가 없었다. 고흐가 생전

(왼쪽) 빈센트 반 고흐 〈붓꽃〉, 1889년, 캔버스에 유채, 74.3×94.3cm, J. 폴 게티 미술관 소장
(오른쪽) 빈센트 반 고흐 〈해바라기〉, 1888년, 캔버스에 유채, 92×73cm, 뮌헨 노이에피나코테크 소장

(왼쪽) 빈센트 반 고흐 〈가셰 박사의 초상〉, 1890년, 캔버스에 유채, 67×56cm, 개인 소장
(오른쪽) 빈센트 반 고흐 〈아를의 붉은 포도밭〉, 1888년, 캔버스에 유채, 75×93cm, 푸시킨 국립미술관 소장

에 판매한 유일한 작품 〈아를의 붉은 포도밭〉이 바로 테오가 벨기에 화가 안나 보슈Anna Bosch에게 400프랑을 받고 판 것이다. 400프랑이 비싼 가격은 아니었지만 그래도 당시에 대략 바게트 400개 정도를 살 수 있는 금액이었다. 지금으로 치면 1,000달러쯤 할 것이다.

테오는 이런 방식으로나마 형에게 힘이 될 수 있기를 바랐다. 힘들어하지 말고 계속 노력하면 언젠가는 형의 그림을 봐주고 이해해주는 사람들이 생길 거야.

실제로 그런 사람들이 생겼다. 아주 오랜 시간이 지난 후지만.

100년 후 봄, 1987년 고흐의 〈해바라기〉가 런던 크리스티즈가 주최한 경매에서 3,900만 달러에 팔리며 고흐 작품 중 최고가를 기록했다. 같은 해 말, 고흐의 〈붓꽃〉이 5,390만 달러라는 천문학적인 가격에 팔리며 또 한 번 세상을 놀라게 했다. 그로부터 3년 후인 1990년 고흐의 〈가셰 박사의 초상〉이 8,250만 달러에 팔리며 유사 이래 예술품 경매 최고가를 기록했다. 이 기록을 깬 회화 작품이 잇따라 나오기는 했지만, 고흐의 작품은 어느새 예술 단체와 부호들이 앞 다투어 차지하려고 하는 진귀한 보물이 되었다.

평생 자신의 뜻을 이루지 못한 사람이면서 오랫동안 경제적 빈곤에 시달리며 영양실조에 빠져 있던 화가였지만, 고흐는 자신에게 남은 모든 에너지를 쏟아 생기 있고 금빛 찬란한 해바라기를 그려낼 수 있었다. 놀랄 만큼 비싼 경매가라고 생각하는가? 그렇지 않다. 만약 비싸다고 생각한다면 당신은 한 사람의 갈망과 집착이

가늠할 수 없는 최고가임을 이해하지 못한 것이다.

"내 작품은 곧 나의 육체와 영혼이다. 작품을 위해서 나는 생명과 이성의 위험을 기꺼이 감수하겠다."

이런 이유로 고흐는 불후의 예술가가 될 수밖에 없는 운명이었던 것이다.

고흐의 그림은 생명과 영혼을 다해 노래한 찬가다. 어쩌면 그는 평생 비극적인 길을 걸어왔는지 모른다. 하지만 해바라기, 별이 빛나는 밤, 밀밭, 까마귀처럼 그가 물감으로 물들인 생명의 에너지는 지금까지도 사람들의 눈과 인생을 뒤흔들고 있다.

내게 박물관 하나를 주면
내가 그곳을 가득 채우겠다!

1881년 겨울, 네덜란드 출신 고흐가 온 마음을 다해 화가의 대열에 뛰어드는 동안 스페인에서 파블로 피카소가 태어났다.

남들보다 시작이 늦었던 고흐와는 사뭇 다르게, 피카소의 어머니는 갓난아기 때부터 금쪽같은 내 자식이 예술가가 될 운명이라고 생각했다. 아이들이 대부분 처음 배우는 의미 있는 단어는 mama(마마), 곧 '엄마'지만 어린 피카소는 그렇지 않았다. 그는 'piz(피스)'라

1908년의 파블로 피카소
(Pablo Ruiz Picasso, 1881~1973)

고 했다. piz는 스페인어에서 '연필'을 의미하는 'lápiz(라피스)'의 줄임말이다.

피카소의 천부적인 자질은 집안 내력에서 나온 것일까? 피카소의 아버지는 화가였다. 그는 지역 미술관 관장이자 학교에서 소묘를 가르치는 선생님이기도 했다.

이런 집안 내력이 있는 피카소는 일곱 살 때부터 엄격한 예술 교육을 받았다. 아버지의 지도 아래 피카소는 어려서부터 석고 모형과 실물을 가지고 소묘 연습을 하면서 탄탄한 기본기를 갖추었다. 아홉 살 피카소는 유화 작품 〈투우사〉를 혼자 힘으로 완성할 수 있었다.

많은 사람이 피카소를 잘못 이해하고 있다는 생각이 들곤 한다. 사람들은 그가 그린 입체주의 작품만 주로 알고 있기 때문이다. 입체주의 작품을 처음 보면 누구나 화가가 대체 무엇을 그렸을까 골몰하게 된다. 그런데 사실 선, 색채, 구도 등에 있어 피카소는 전통적 기본기를 탄탄하게 확립하고 능숙한 솜씨를 발휘한 화가였다. 그는 열네 살이 되던 해에 바르셀로나에 있는 유명한 라론하 미술아카데미에 입학했다. 피카소는 일주일 만에 고전예술회화 및 정물 스케치 입학시험을 통과했는데, 보통 학생들은 한 달 정도 시간을 들여야 겨우 완성할 수 있는 것이었다.

일찍 데뷔해서 평생 멋들어진 삶을 산 피카소는 아흔두 살에 이 번잡스러운 인간 세상을 떠났다. 그가 남긴 작품은 회화 1,885점, 조각 1,228점, 소묘 7,089점, 판화 3만 점, 스케치북에 그린 그림 150점, 도자기에 그린 그림 3,222점이다. 이토록 놀라운 작품 수를 보니 피카소가 한때 다소 오만한 말투로 "내게 박물관 하나를 주면 내가 그곳을 가득 채우겠다!"라고 한 말이 허튼 소리가 아니었음을 알 수 있다.

실제로 피카소의 그림으로 가득 채워진 장소는 두 곳이다. 하나는 스페인 바르셀로나에 있는 피카소 미술관Museu Picasso으로, 유일하게 피카소가 살아 있을 때 그를 위해 지은 미술관이다. 다른 하나는 프랑스 파리 마레지구에 있는 피카소 미술관Musée National Picasso인데, 피카소의 작품 3,500여 점을 소장하고 있다.

피카소 전용인 이 두 대형 미술관을 제외하고도 전 세계의 크고 작은 미술관 거의 대부분이 피카소의 작품을 어느 정도 소장하고 있다.

수준 높은 작품의 질과 영원히 마르지 않는 영감은 피카소를 당대 창의력의 대명사로 만든 원동력이었다. 그런데 이 남자의 가장 무서운 점은 그가 예술 천재를 넘어 자기 홍보의 달인이었다는 데 있다.

자기 홍보에 능했던 예술가

'피카소'라는 이름에는 사실 은연중에 강력한 자기 홍보 효과가 담겨져 있다.

피카소의 본명은 그리스도교 성인과 친척의 이름까지 20개가 넘는 단어를 포함해, '파블로 디에고 호세 프란시스코 데 파울라 후안 네포무세노 마리아 데 로스 레메디오스 시프리아노 데 라 산티시마 트리니다드 루이스 이 피카소Pablo Diego José Francisco de Paula Juan Nepomuceno María de los Remedios Cipriano de la Santísima Trinidad Ruiz y Picasso'다.

꼬리에 꼬리를 무는 이름을 보려니 눈이 침침해지는 것 같지 않은가? 이름이 이러면 남들이 어떻게 당신을 알 수 있겠나? 이름 부르다 녹초가 될 판인데. 다행히 피카소는 유명해지려면 이름이 간결하고 기억하기 쉬워야 한다는 것을 알았다. 그래서 일찍부터 짧고 강력한 예명을 짓기로 결심했다. 1901년 피카소는 파리에서 첫 전시회를 열고 나서 그림 뒤에 기존의 Pablo Ruiz y Picasso 대신 Picasso라고 사인했다. 차지하는 면적도 크고 거친 사인이지만, 오늘날 우리가 피카소 작품을 판별하는 깔끔하고 색다른 브랜드 로고가 되었다.

그런데 이 사인은 지금 피카소 작품에만 있지 않다. 프랑스 자동차 제조업체 시트로엥Citroën이 2,000만 달러를 지불하고 피카소의 이름과 사인 사용권을 얻은 것이다.

만약 당신이 자기 홍보의 달인이 되고 싶다면, 적당한 사회 집단에 자주 얼굴을 내밀며 존재감을 드러낼 줄 알아야 한다. 피카소가 살던 시대에는 사회 집단이나 공동체 미디어 같은 게 없었지만, 그는 자신을 가장 눈에 띄는 곳에 노출시키는 법을 잘 알고 있었다.

스페인은 당시 문화의 중심이 아니었다. 피카소가 아무리 뛰어나다고 해도 스페인에 있으면서 세계적 명성을 얻기란 굉장히 힘들었다. 그래서 열아홉 살 피카소는 유럽의 문화 수도 파리로 갔다. 헤밍웨이Ernest Hemingway가 "움직이는 축제A Moveable Feast"라고 말한 바 있는 파리는 20세기 초 가장 재능 있는 사람들이 모인 곳이었다. 화가 앙리 마티스Henri Matisse, 마르크 샤갈Marc Chagall, 철학자 장 폴 사르트르Jean Paul Sartre, 시몬 드 보부아르Simone de Beauvoir, 미국

파블로 피카소 〈거트루드 스타인 초상〉
1905~1906년, 캔버스에 유채, 100×81.3cm, 메트로폴리탄미술관 소장

에서 온 작가 헤밍웨이, 아일랜드 작가 제임스 조이스James Joyce 등이
모두 파리에 있었다. 파리에서 걸출한 인물들과 사귀던 중 피카소
는 작가이면서 예술인을 후원한 거트루드 스타인Gertrude Stein을 만
났다. 피카소는 이 기회를 놓치지 않았다. 그의 작품 중 파리 플뢰
리스가Rue de Fleurus 27번지에 사는 집주인을 위한 초상화가 있다.

플뢰리스가 27번지에 무슨 특별한 의미가 있었을까? 이 집은 20세기 초 파리에서 가장 인기 있는 예술 살롱이었다. 주인 거트루드와 그의 오빠 레오 스타인Leo Stein은 20세기 회화에 있어 세계에서 가장 뛰어난 안목을 지닌 미술 감상가이자 수집가였다. 스타인 남매는 당시 파리 예술계에서 막강한 영향력을 지니고 있었기에, 다양한 청년 예술가들이 밤낮없이 그녀의 살롱으로 몰려들었다.

만약 파리에 가지 않았다면 피카소는 거트루드 같은 귀인을 만나지 못했을 것이다. 만약 그 귀인이 자신을 마음에 들어 하도록 만들지 못했다면 피카소가 부상하기도 힘들었을 것이다. 피카소는 파리 예술계에 미치는 거트루드의 영향력을 분명 알고 있었을 것이다. 그래서 그의 그림을 그릴 때 모든 예술적 재능을 쏟아 부어 상대방의 호감을 얻었고, 거트루드가 이 젊은 화가에게 찬사를 아끼지 않도록 만들 수 있었던 것이다. 이후 수십 년간 거트루드는 예술계 인맥을 동원해 피카소의 작품을 띄워주고 지지해주었다.

유명해지는 것은 어렵지 않았다. 그림의 대상만 제대로 고른다면! 거트루드의 전폭적인 지지로 그는 '피카소'라는 이름을 세상에 널리 알리게 되었다.

『아트 바젤 매거진Art Basel Magazine』의 수 호스테틀러Sue Hostetler 편집장은 피카소를 이렇게 묘사했다.

"피카소는 영리했다. 당시 가장 통찰력 있고 우수한 컬렉터가 파리에 있다는 걸 알고 있었으니까. 그는 이 컬렉터가 자기 작품을 가지고 있으면 작품의 가치가 크게 올라갈 거라는 사실을 확실히 알고 있었다."

피카소는 넘치는 재능이라는 태생적 우위와 더불어 무언가의 힘을 빌리고 사용할 줄 아는 능력이라는 후천적 우위까지 틀어쥔 인물이었다.

피카소는 이렇게 말했다.

"예술가는 순수하게 예술을 사랑해서 창작해야지 성공을 좇으면 안 된다고 사람들은 흔히 이야기한다. 그런데 이것은 잘못된 것이다! 예술 가가 성공해야 하는 이유는 단순히 생계를 위해서만이 아니라 계속 창 작을 하기 위해서이기도 하다."

서른 살의 화가 고흐는 동생 테오에게 생활비를 보내달라는 편 지를 끊임없이 보내고 있었다. 반면 서른 살의 피카소는 그림을 팔 아서 번 돈으로 마련한 파리 시내 아파트에서 여자 친구와 생활하 고 있었다.

그림의 가치와 함께 피카소의 몸값도 덩달아 오르면서 그가 오래 전에 그린 자화상이 말년에는 롤스로이스 10대를 살 수 있을 만큼 거액에 팔렸다. 그러니 창작의 영감이 끝없이 샘솟는 건 당연지사 였다. 내가 만약 피카소였다면 무조건 집에 틀어박혀 매일 그림만 그렸을 것이다. 그러면 돈이 계속 물밀 듯이 들어올 테니까 말이다.

돈도 잘 버는데 기분 내키는 대로 펑펑 쓰자! 피카소는 말년에 해마다 생활비로 300만 프랑 정도를 지출했다고 한다. 지금으로 따지면 7,500만 대만달러(한화 32억 4,500만 원 정도)에 해당하는 금액이다.

이런 걸 보면 예술에서도 '성격이 운명을 결정'한다고 할 수 있다. 내향적인 고흐는 정말 열심히 살았지만 가난을 면치 못했다. 외향적인 피카소는 영민한 자기 홍보 능력으로 비옥한 토양을 손에 넣었다.

두 가지 삶의 태도, 두 가지 예술 풍격 중에 당신은 어느 쪽을 더 선호하는가? 나는 노력하는 사람을 좋아하지만 고흐가 겪은 고생이 너무 아쉽고 안타깝다. 누구에게나 인플루언서가 될 수 있는 기회가 열려 있는 이 시대를 살면서 세상이 자신을 알아주기를 바란다면, 열심히 노력하되 효과적인 전략을 써서 자신을 눈에 띄는 사람으로 만든 피카소의 사례를 배워야 할 것이다.

16

에멀린 팽크허스트

혹시 에멀린 팽크허스트Emmeline Pankhurst라는 이름을 들어본 적이 있는가? 들어본 사람은 손을 들어주시길!

하하, 장담하건대 그 이름을 들어본 사람은 거의 없을 것이다. 이유는 간단하다. 그가 여성이기 때문이다.

우리 역사 교과서는 21세기인 지금까지 온통 히스토리History, 즉 '남자'의 이야기만을 다룬다.

7학년 대만 역사 교과서에는 여성 역사 인물은 단 한 명도 나오지 않는다. 대만 역사에서 정성공鄭成功(반청 운동과 대만 회복에 앞장선 인물―옮긴이), 주일귀朱一貴(관리의 폭정에 반발해 봉기를 일으킨 청나라 농민―옮긴이), 모나 루데오Mona Rudao(대만 원주민으로 일본 제국군과 항쟁을 벌인 항일 영웅—옮긴이) 같은 남자들이 지면을 다 차지해버린 것만 같다. 그래도 여성이 나온 부분을 꾸역꾸역 찾아보자면, 포모사 사건(1979년에 발생한 대만 민주화 운동으로, 중국어로는 '미려도美麗島 사건'이라고 한다—옮긴이)을 다룬 교과서 사진에 당시 가오슝 시장이던 천쥐陳菊(대만 민주화 운동의 대모—옮긴이)가 나오는 정도일 것이다.

8학년 중국사에서는 여성 역사 인물이 두 명 등장한다. 한 명은 측천무후則天武后이고 다른 한 명은 청나라 말기 자희태후慈禧太后(서태후)인데, 하필 두 사람 모두 논란이 많은 인물이다. 먼저 측천무후의 경우, 그의 정치적 수완보다 궁중 암투 실력이 역사 교사에게 더 인기가 좋지만 지금은 후궁들에게 완승을 거둔 측천무후의 전투력을 학생들에게 이야기를 해주고 싶어도 방법이 없다. '12년 국민기본교육十二年國民基本教育'이 시행된 이후 측천무후가 역사 교과서에서 자취를 감추었기 때문이다. 그렇다면 자희태후는 어떻게 됐을까? 아직 건재하다. 하지만 여전히 보수적이고 자부심 강한 할머니라고 오해를 불러일으킬 만한 모습으로 말이다.

9학년 세계사에서 학생들은 일 년 내내 여성 인물 세 명을 배운다. 1학기에는 여성 이전에 성녀로 더 유명한 잔 다르크와 러시아 황제 예카테리나 2세Ekaterina II(재위 1762~1796)를, 2학기에는 20세기 과학사를 대표하는 퀴리 부인을 공부한다. 그런데 최초의 여성 노벨상 수상자는 결과적으로 그냥 퀴리의 '부인'일 뿐이다. 다소 거북할 수밖에 없는 표현이라 일부 학자들이 항의하며 이 문제를 논

에멀린 팽크허스트
(Emmeline Pankhurst , 1858~1928)

의했다. 새로운 교과 과정이 양성평등교육 정신에 부합하도록, 이후 교과서에서는 '마리 퀴리Marie Curie'라는 이름을 채택하게 되었다.

오늘 나는 밖에 나가 거리를 한 바퀴 돌고 왔다. 오후 내내 스쳐 지나간 여성이 최소 세 명은 넘을 것이다. 그런데 학생들은 꼬박 3년 동안 역사를 공부하는데 교과서에서 만날 수 있는 여성이라고 는 태후, 여자 황제, 성녀, 부인 몇 명이 전부다. 평소 여성의 자취는 거의 찾아볼 수 없다. 무슨 이런 터무니없는 세상이 다 있단 말인 가!(교과과정이 개편된 후 지금은 1학기에 배우던 성녀 잔 다르크와 예카테 리나 2세마저 사라졌다. 2학기 내용은 아직 출판되지 않았다.)

팽크허스트도 같은 생각을 했다. 똑같은 사람이고 세계 인구의 절반을 차지하는데, 여자인 우리는 대체 왜 이런 취급을 받는 것인 지 의문을 품은 것이다. 그래서 영국 맨체스터 출신 여성 팽크허스 트는 모든 여성이 '허스토리Herstory', 즉 '그녀'의 이야기를 역사에 적 을 수 있도록 돕는 데 평생을 바치겠다고 결심했다.

반란자가 되는 한이 있어도 노예는 되지 않겠다

"수많은 참전 국가가 전쟁을 위해 대규모로 군인과 민간인을 동원 했다. 여성도 군수품 생산에 대거 투입되거나 직장에서 근무했다. 이로 써 그들의 권익도 정부의 존중을 받게 되었다. 전쟁이 끝나고 미국이나 영국 등지에서 여성이 선거권을 얻고 지위도 대폭 상승되었다."

— 대만 중학교 역사 교과서 제6권(2021년판)에서 발췌

여성의 권익 향상에 관해서 역사 교과서는 은근슬쩍 넘어가듯 서술하고 있다. 마치 제1차 세계대전이 끝나고 얼마 지나지 않아 여성이 정부에게 존중받고 이내 투표권을 얻게 된 것처럼 말이다.

제1차 세계대전을 설명하는데 몇 페이지를 쓰면서 여권 신장 과정과 관련해서는 단 몇 줄로 요약하고 만다. 세계대전만 중요한 일이고 남녀가 평등한 권리를 갖는 것은 사소한 일인 양 다루는 것이다. 만약 그게 사소한 일이라면 사소한 일 중에서 가장 중요한 일일 것이다. 용기 있는 사람들이 격동의 나날을 보내고, 발칙한 꿈을 꾸며, 너무 많은 삶과 죽음을 보낸, 20세기 발전 과정을 통틀어 가장 중요한 '사소한 일'.

19세기 빅토리아 시대 영국의 이상적인 여성상은 이런 모습이었다. "남성에게 의지하고 순종하기를 원한다. 집에 있는 걸 즐거워한다. 순진하고 순결하며 온화하고 자기희생 정신이 있다. 경쟁심과 야심이 없다." 영화 〈서프러제트Suffragette(20세기 초 영국에서 참정권 운동을 벌인 여성을 지칭하는 용어—옮긴이)〉(2015)의 주인공 모드 와츠가 "나는 평생 남자들이 시키는 대로 살았다"라고 말한 것처럼 말이다. 극중 모드 와츠는 유순하고 영리하며 남편 눈에 현모양처인 사람이다. 세탁공장에서 일하는 그녀와 그녀의 동료들은 오랜 시간 사장에게 성추행을 당한다.

엄마, 아내, 남자의 부속품처럼 사는 것이 바로 모드 와츠의 운명
이자 19세기 후반 대다수 영국 여성의 운명이었다.

하지만 그 시기에 팽크허스트는 이런 운명을 거부하며 앞장서서
여성을 이끌었다. 그녀는 여자의 삶이 남자보다 고귀하지 않지만
그렇다고 남자보다 비천하지도 않다고 믿었다. 용기 있게 당시 여성
을 이끌고 과감하게 여성의 참정권을 쟁취했다. 사회와 국가를 향
해 그 시대 여성들의 목소리를 전달했다. 그녀는 행동력과 전투력
을 인정받아 1999년 『타임Time』지가 선정한 '20세기 가장 영향력
있는 인물 100인'에 이름을 올렸고, 2002년에는 영국 BBC가 선정
한 '위대한 영국인 Top 100'에서 27위를 차지했다.

영국의 여성참정권 운동은 대략 1830년대부터 시작되었는데, 당
시 했던 활동으로는 공개 연설이나 평화 시위 및 행진이 대부분이
었다. 정치적으로나 사회적으로 여성이 마땅히 누려야 할 권익을
질서 있고 온화한 방법으로 쟁취하고자 한 것이다. 하지만 지나치
게 부드러운 방법으로 합리적인 참정권 요구 의사를 표현하고 너무
조용하게 항의하다 보니, 영국 정부가 한 번도 이들의 움직임을 심
각하게 받아들이지 않았다. 오히려 무시와 방임, 조롱과 괄시로 대
응했다.

1903년 팽크허스트는 세 딸과 함께 여성사회정치연맹Women's
Social and Political Union, WSPU을 설립했다. 지나치게 부드러웠던 예전의
항쟁노선을 과감하게 폐기하고 매서우면서도 과격한 노선을 걷기
로 했다. 팽크허스트는 패기 있게 선포했다.

"반란자가 되는 한이 있어도 노예는 되지 않겠다. 차라리 죽을지언정 굴복은 어림도 없다. 나는 내가 나고 자란 혹은 내가 곧 저들 손에 죽게 될 이 땅에서 투표권이 있는 유권자가 되겠다. 정부에게 고한다. 나를 죽일 거면 죽여라. 그게 아니라면 내게 자유를 주어라!"

여권 신장 운동의 선봉이자 혁명 폭도!

팽크허스트가 볼 때 평화적인 방식으로 투표권을 쟁취하던 예전 방식으로는 도무지 가망이 없었다. 좋게 좋게 말하고 부르짖어 봐도 돌아오는 건 대중의 동정과 정부의 멸시뿐이었던 것이다. 아무리 많은 사람에게 동정을 받아도 법안 수정에는 전혀 도움이 되지 않았다. 투표권을 얻지 못하면 동정이 다 무슨 소용이란 말인가? "말보다 행동Deeds Not Words"이 바로 팽크허스트의 명언이었다. 그녀는 진격의 거인이 되고자 했다. 그가 이끄는 WSPU는 팽크허스트의 이 말을 철저하게 몸으로 실천했다.

1905년 10월 WSPU는 첫 행동을 개시했다. 팽크허스트의 장녀 크리스타벨 팽크허스트Christabel Pankhurst는 방직 여성 노동자 한 명과 맨체스터 자유무역회관에서 열린 자유당 전당대회 회의장 앞에서 의원에게 큰 소리로 따져 물었다. "만약 당신들이 정권을 잡으면 여성에게 투표권을 줄 것인가?" 질서 유지를 위해 회의장으로 달려온 경찰은 숙녀의 우아한 언행을 유지하라며 그들을 거듭 타일

렀다. 이 말에 심사가 뒤틀린 크리스타벨 팽크허스트는 경찰에게 가차 없이 주먹을 날렸다. 현장에서 체포된 두 사람은 질서교란죄, 교통방해죄, 경찰폭행죄 등의 죄목으로 고소되었다. 법정에서 벌금과 구금 중 선택하라고 했는데 그녀는 벌금은 내지 않겠다며 단호하게 거부했다. 그 후로 WSPU회원은 감옥을 밥 먹듯이 드나들었다.

지금의 대만에서는 경찰과 드잡이하는 장면을 상상할 수도 없다. 만약 이상적인 여성상에 대한 당시 영국사회 기준으로 다시 그 사건을 대한다면 어떨까? 너무 폭력적이고 난폭하다고 생각하지 않았을까? 비록 싸우고 행패를 부리는 것이 볼썽사납기는 하지만, "우는 아이 젖 준다"라는 말이 시대를 막론하고 모든 사회 운동에 해당하는 진리라는 걸 당신도 이해할 수 있을 것이다. 당국자의 꼴이 우스워지고 입장이 난처해질수록, 권력을 쥔 사람들이 사태의 심각성을 깨닫고 원하는 목표를 달성할 수 있는 기회가 생기는 법이다.

항의 행동으로 잇따라 감옥에 간 여성들은 수감 중에 자신을 혹사시키는 방법으로 꾸준히 정부에 항의하며 자신들의 신념을 드러냈다. 날 내보내주지 않으면 단식 투쟁을 벌이겠다! WSPU 회원은 감옥에서 "날 풀어주지 않으면 죽어버리겠다!"라고 적은 플래카드를 들어 보인 적도 있었다. 교도관이 온화한 태도와 부드러운 말투로 저녁에 무엇을 먹고 싶은지 물으면 이렇게 대답했다. "내 결심!"

영국 정부도 여권 운동가들의 '정서적 협박'을 거부했다. 당신들

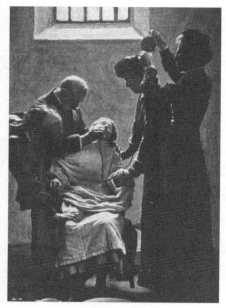
여성에게 강제로 음식을 먹이는 모습

이 밥을 안 먹으니 내가 집으로 보내줘야 한다? 세상에 무슨 이런 경우가 다 있어? 이후 영국 국왕과 내각 장관의 지시를 받아 교도관은 잔인한 수법을 써서 WSPU 회원들에게 강제로 밥을 먹였다. 단식하는 사람들 코에 억지로 관을 꽂아 음식을 먹인 것이다. 이런 비인도적인 행위를 자행하다 상대방이 반항해서 실수로 관이 수감자의 기관지에 꽂히는 바람에 회복할 수 없는 상처를 입힐 때도 있었다.

혹형 못지않은 이런 대우에 WSPU의 항쟁은 더욱 거세졌다.

"여자는 왜 남자와 같은 무기를 사용하면 안 되는가? 우리는 전쟁을 선포했고 혁명을 위해 싸우고 있다!"

그들은 공공시설과 재산을 파괴했다. 우체통을 불태우고 쇼윈도를 깨트렸으며 박물관의 전시품을 급습하기도 했다. 웨스트민스터 사원, 잉글랜드 은행, 에든버러 왕립천문대, 기차역과 주요 정부 관원 관저 등을 포함해 수많은 랜드마크 건축물에 불을 지르고 폭탄 공격을 감행했다. 당시 신문 보도에 따르면, 1913년부터 1914년까지 2년 사이에 방화와 폭탄 사건이 최소 300건 이상 발생했다.

그중 WSPU 회원이던 에밀리 데이비슨Emily Davison의 비장한 희생은 전국적 항의 운동을 절정으로 치닫게 했다. 그녀는 1913년 더비 경마대회가 열리고 있던 런던 근교 경마장으로 뛰어들었다. 단순히 항쟁 슬로건을 왕실 구성원과 모든 기자에게 보여주기 위해서였다. 하지만 부주

에밀리 데이비슨
(Emily Davison, 1872~1913)

의했던 탓에 국왕 조지 5세George V(재위 1910~1936) 말에 밟혀 중상을 입고 말았다. 불행하게도 에밀리 데이비슨는 나흘 뒤 세상을 떠나며 당시 영국사회에 큰 충격을 안겼다.

이후 그녀의 시신은 런던으로 옮겨지고 관에는 "계속해서 싸우다보면 신이 승리를 안겨주시리"라는 문장이 새겨졌다. 이 이상적이고 희생적이던 자유 투사를 위해 여성 5,000여 명으로 이뤄진 시위 행렬이 그녀의 마지막 가는 길을 호송했다.

이 세상에 여자가
양보하게 만드는 일은 없을 것이다

1914년 제1차 세계대전이 터지자 팽크허스트는 전화에 휩싸인 상태에서 국내 항쟁을 지속하는 건 적합하지 않다고 판단했다. 그녀는 추종자들에게 일단 기존의 급진적인 투쟁은 잠시 접어두고 함께 나서서 국가를 지키자고 호소했다. 팽크허스트는 여성의 투표권을 쟁취하는 데 사용하던 정열과 결심을 여성의 전쟁 참여를 독려하는 애국 행동에 쏟았다. 집회를 조직하고 곳곳에서 순회 연설을 이어갔다. 그녀는 남성이 해외로 나가 싸울 때 여성은 군수품 산업, 의료업, 광업, 중공업 등 각종 병참 보급 업무에 종사하자고 주장했다. 대규모 전쟁에서 국가가 생존하는 데 기여할 수 있을 뿐 아니라 몸소 실천하고 행동함으로써 사회와 대중에게 여성도 할 수 있다는 것을 보여주자는 것이었다.

이렇게 해서 정부의 골칫거리였던 WSPU는 정부와 어깨를 나란히 하고 함께 싸우는 든든한 동료로 변신했다. 1913년 WSPU는 당시 군수장관이던 데이비드 로이드 조지David Lloyd George에게서 전례 없는 찬조금 2,000파운드를 받았다. 지속적인 연설로 전시 상황에서 여성이 일하게끔 고취시켜준 데 대한 감사의 표시였다.

전쟁이 끝난 1918년, 서른 살 이상 영국 여성에게 최초로 투표권이 생겼다. 그후 10년이 지난 1928년, 팽크허스트는 세상을 떠났지만 모든 영국 여성에게 남성과 평등한 권리가 주어졌다. 만 스물한

Mav.21.1914

1914년 버킹엄궁전 경찰에게 체포되는 팽크허스트

살이 되면 투표권을 가질 수 있게 된 것이다.

경찰에게 먼저 도발한 것부터 옥살이 중에 벌인 단식투쟁, 거리로 나가 불을 지르고 폭탄을 던지는 일까지, 팽크허스트와 그녀가 이끈 WSPU는 여성도 사나울 수 있다는 것을 보여주었다. 굳이 애처롭고 가련한 모습을 보이면서 대중의 동정을 얻어 여성에게 투표권을 베풀게 할 필요가 없다는 것을 몸소 보여준 것이다. 그들은 공공질서를 무너트리는 방식으로 대중이 어쩔 수 없이 자신들 편에 서서 함께 정부로부터 여성의 참정권을 얻어내도록 만들었다.

여성의 권리 쟁취를 단지 여성의 일이라고만 생각해서는 안 된다. 2014년 영화 〈해리포터Harry Potter〉에서 헤르미온느를 연기한 영국 배우 엠마 왓슨Emma Watson은 남성들에게 여권을 위해 함께 노력하자고 북돋우며 '히포시HeForShe 캠페인'의 시작을 알렸다. 2017년 소셜 네트워크 서비스에서 전개된 양성평등을 위한 '미투#MeToo' 운동 역시 성별 구분 없이 함께 약자를 위해 목소리를 낼 수 있기를 기대하는 움직임의 일환이었다.

팽크허스트는 정부와 싸울 수도, 협력할 수도 있었다. 목표를 이루기 전까지 그녀는 강경할 수도 있고 유연한 태도를 취할 수도 있었다. 그녀의 지나치게 급진적이고 호전적인 면을 부각시키는 비평가들도 있긴 하지만, WSPU이 벌인 과격한 항쟁이 사람을 다치게 한 적은 한 번도 없었다. 팽크허스트의 여러 가지 모습은 여성이 아내, 엄마, 온순한 반려자처럼 고정적으로 배정된 역할만 할 수 있는 게 아니라 두려움이 없는 용맹한 장군, 슬기롭고 민첩한 전사도 될 수 있다는 것을 보여주었다.

성별 구분 없이 우리는 우리가 원하지 않는 운명을 용감하게 거부할 가치가 있는 존재다. 그렇기 때문에 팽크허스트가 함께 이상을 위해 싸우자고 사람들을 거침없이 불러 모은 것이다. 우리도 당연히 할 수 있다. 자신을 더 나은 사람으로 만들고 이 세상을 더 아름답게 만들기 위해서 노력할 수 있다. 양성평등을 실현하기 위해 "내가 아니면 누가 하지? 지금이 아니면 언제 할 건데?"라는 마음가짐을 가질 수도 있을 것이다.

교과서에서
가르치지 않는
동물의 역사

17

유럽의 용

대만에서 십이지신 중 어떤 동물의 해에 신생아 수가 가장 많을까? 너무 쉬운 문제다. 정답은 용이다.

음력으로 용의 해가 되면 그해 태어나는 신생아 수가 폭증한다. 대만에서 한 해 동안 신생아 수가 30만 명을 돌파한 적이 있었는데 바로 2000년도의 일이다. 의심할 것도 없이 그해는 용의 해로, 30만 5,312명의 신생아가 태어났다. 2020년과 비교하면 대만의 쥐띠 신생아 수는 16만 5,248명에 불과했다.

그렇다면 왜 용의 해에 신생아 수가 폭증하는 현상이 나타나는 것일까? '망자성룡望子成龍'(아들이 용이 되기를 바란다는 뜻으로, 자식이 훌륭한 사람이 되기를 바라는 부모의 마음을 표현한 고사성어—옮긴이)은 모든 부모가 바라는 미래다. 그러니 손에 손잡고 좋은 시기를 놓치지 않으려고 하는 것이다. 용의 해에 자식을 낳으면 그 아이가 비룡飛龍처럼 날아오기라도 하는 것처럼 말이다.

중국인의 전통문화에서 용은 언제나 상서로움과 번창함의 상징이었다. 단순히 길조를 상징하는 성수聖獸를 넘어 비바람을 부를 수 있는 천지신명 같은 존재였다. 용에 대한 숭배는 오랜 세월 동양 문화에 퍼져 있었다. 중국의 역대 제왕은 '진룡천자真龍天子'(하늘의 진룡이 인간세상에 내려왔다는 뜻으로 황제의 별칭—옮긴이)라고 스스로를 일컬었고, 황제의 육체는 '용체龍體', 황제가 입는 옷은 '용포龍袍'라고 불렀다. 중국 단오절에는 '용주龍舟'를 타고, 중국의 인기 가요 〈용의 후예龍的傳人〉는 대만 원로 가수 리젠푸李建復부터 왕리훙王力宏까지 계속 유행하며 불리고 있다.

서양 국가들이 1960년대부터 1990년대까지 대한민국, 대만, 홍콩, 싱가포르의 놀라운 경제 성장을 '아시아의 네 호랑이The four tigers of Asia'라는 말로 통칭했는데, 우리는 이것을 굳이 '아시아의 네 마리 용'으로 번역하기도 했다. '용'이 멋지긴 하니까! 호랑이는 글쎄, 영 별로다.

하지만 용이 제아무리 힘이 세고 위풍당당하다 해도, 기둥을 감고 구슬을 빼앗으며 날아오를 수 있는 건 동양에 있을 때뿐이다. 서양의 드래곤Dragon은 이내 뱀으로 전락한다.

유럽의 전설 이야기에서 용은 강대하지만 동시에 위험하고 잔혹한 파멸자다. 용은 날씨를 좋게 해달라고 기도할 수 있는 천지신명이 아니라 사람을 집어삼키고 마을을 파괴하는 사악한 악마의 동물로 간주된다.

유럽의 용은 이렇게 생겼다

용을 뜻하는 영어 단어 dragon은 고대 그리스어에서 유래했다. 라틴어로 쓰면 draconem(드라코넴)인데 '거대한 뱀'이라는 뜻이다. 유럽의 용은 악평이 대다수를 차지하기 때문에 draconem의 어근이 변하면서 draconian과 draconical 같은 단어가 파생되었다. 이는 훗날 영어에서 형용사가 되었는데, 엄격하고 가혹한, 경직된, 심지어 사악한 물건을 뜻하기도 했다.

유럽의 용은 보통 뿔과 비늘이 있는 거대한 몸집에 불을 뿜을 수 있는 도마뱀 형상을 한 생물체로 묘사되었다. 박쥐처럼 튼튼한 날개가 달려 있고 네 다리와 평평한 꼬리가 있는 모습이다. 용의 피에는 독특한 힘이 있어서 용이 오랜 시간 생존할 수 있게 해준다든지 용에게 독이나 강한 산酸을 줄 수 있다고 표현된 것이다.

용을 죽인 영웅 세인트 조지

악역인 용은 자신을 죽이려는 위대한 영웅과 같이 묶여서 나오는 경우가 많았다. 용을 죽이는 것은 악을 제거하는 것을 상징했다. 따라서 그리스도교 발전 초기에는 용을 베고 죽이는 것으로 유명해진 성인이 많았다.

그런데 용은 대체 유럽에서 어떻게 무너진 것일까? 말하자니 가슴 아프지만, 전 세계에서 가장 많이 팔린 책 『성경』에서부터 무너지기 시작했다.

신약성경 「요한계시록」에 보면 이렇게 기록되어 있다.

"보라 한 큰 붉은 용이 있어 머리가 일곱이요 뿔이 열이라 그 여러 머리에 일곱 왕관이 있는데 그 꼬리가 하늘의 별 삼분의 일을 끌어다가 땅에 던지더라 용이 해산하려는 여자 앞에서 그가 해산하면 그 아이를 삼키고자 하더니."(「요한계시록」 12:3-4)

보다시피 이 용은 등장한 모습부터가 괴상망측하다. 머리가 일곱이고 뿔이 열 개인 괴물의 형상이다. 용의 캐릭터 설정도 호감을 살 만한 부분이 하나도 없다. 거기다가 임산부를 괴롭히고 아이를 잡아먹는 대본까지 받았으니 뼛속까지 악역인 것이다.

뒤에 이어지는 「요한계시록」 내용은 다음과 같다.

"미가엘과 그의 사자들이 용과 더불어 싸울새 용과 그의 사자들도 싸우나 이기지 못하여 다시 하늘에서 그들이 있을 곳을 얻지 못한지라.

큰 용이 내쫓기니 옛 뱀 곧 마귀라고도 하고 사탄이라고도 하며."(「요한
계시록」 12:7-9)

이 부분에서는 아예 직접적으로 머리가 일곱이고 뿔이 열 개인
거대한 붉은 용을 악마의 화신이라고 까밝힌다. 세상에! 저렇게까
지 명확하게 설명을 해뒀으니, 용이 유럽에서 이미지를 회복하는
건 아무래도 불가능해 보인다. 무슨 용비봉무龍飛鳳舞(용이 날고 봉황
이 춤추는 것처럼 기이하고 절묘한 산세)니 반룡부봉攀龍附鳳(용이 비늘을
잡고 봉황의 날개에 붙었다는 뜻으로 훌륭한 사람에게 붙어 출세하는 것을
의미)이니 하는 말에 유럽의 용이 낄 자리는 없다.

『성경』은 유럽 역사에서 영원한 베스트셀러 1위다. 배움이 짧아
서 보고도 이해가 안 되는 유럽인일지라도 전혀 걱정이 없다. 각지
에 널리 퍼진 크고 작은 성당에는 언제라도 『성경』 내용을 설명하
고 전도하려는 신부가 상시 대기 중이니까 말이다.

『성경』에서 악역으로 등장하는 용은 그리스도교의 교세가 확장
됨에 따라 서양사에서 계속 나쁜 이미지가 더해져 영웅의 손에 죽
기를 기다리는 처지가 될 수밖에 없었다.

용을 죽인 영웅, 세인트 조지

'드래곤 퀘스트Dragon Quest'는 단지 일본의 국민 롤프레잉게임

사자왕 리처드
(Richard I, 1157~1199)

RPG 이름이 아니라 실제로 중세 유럽의 수많은 전설적 이야기의 주제이기도 했다.

그중에서 용을 죽인 것으로 인지도가 가장 높은 영웅은 잉글랜드의 수호성인 세인트 조지 Saint George(성 게오르기우스)다. 태어나고 죽은 해는 분명하지 않지만, 그는 대략 3세기 무렵 로마에서 살았던 병사로 추정된다.

전설에 따르면 용 한 마리가 리비아의 시레나라는 도시에 하나뿐인 호수 옆에 둥우리를 틀고 있었는데, 온몸으로 독기를 뿜어내고 근처에 사는 주민을 자주 잡아먹었다. 물을 긷기 편하게 악한 용을 달래려고 주민들은 매일같이 양 두 마리를 바쳐 용에게 제사를 지냈다.

하지만 용이 마을에 있는 양을 전부 먹어치운 뒤로는 사람을 대신 바칠 수밖에 없었다. 공평하게 매일 추첨을 해서 누구를 보낼지 결정했다. 그러던 어느 날 국왕의 딸이 당첨이 되고 말았다. 국왕은 공주를 대신할 사람에게 거금을 지불하겠다고 했지만 모든 사람이 단칼에 제안을 거절했다. 운이 나빴던 공주는 호숫가로 보내져 용의 제물이 될 준비를 마쳤다.

　늘 그렇듯 영웅은 너무 이르지도, 늦지도 않게 타이밍을 보고 등장했다. 용이 공주를 먹어치우려는 그 순간에 정확히 세인트 조지가 모습을 드러낸 것이다. 말을 타고 달려든 그는 긴 창으로 용을 찔러 중상을 입힌 뒤, 공주에게 받은 허리띠로 용의 목을 묶었다. 사람을 먹던 무시무시한 용은 마치 훈련받은 개처럼 얌전히 세인트 조지의 손에 끌려갔다.

　세인트 조지는 공주를 구해 용과 함께 시레나로 돌아왔다. 사람들은 도시로 들어오는 용을 보고 놀라 그만 입을 다물지 못했다. 세인트 조지는 이때다 싶어 그리스도교를 대대적으로 홍보했다. "만약 여러분이 세례를 받고 그리스도교인으로 하느님의 백성이 되겠다고 한다면, 내가 여러분을 위해 이 용을 죽여주겠소."

　고민할 필요가 전혀 없었다. 국왕, 공주를 포함해 시레나 거주민 1만 5,000명이 전부 그 자리에서 그리스도교로 개종하는 데 동의했다.

　참 대단한 재주를 가진 성인이 아닐 수 없다! 몇 초 만에 악룡惡龍을 죽여 버리는 엄청난 무력치로도 모자라 단번에 신도를 1만 5,000명이나 모을 만큼 뛰어난 홍보 기술을 보유하지 않았는가!

　그런데 재미있는 것은, 용을 죽여 미녀를 구하는 이야기가 처음 문자로 기록된 것이 세인트 조지가 죽은 후 800년이 지난 11세기 문헌에서였다는 사실이다.

　실제로 세인트 조지는 용 같은 건 아마 보지도 못했을 것이다. 하지만 용을 죽이는 이야기는 십자군 원정을 떠난 기사와 상인들을 따라 소아시아에서 유럽으로 전해졌고, 이야기가 점차 과장되면서 세인트 조지의 영웅적인 업적이 전설처럼 쓰였다. 다들 알겠지만 이야기에서 중요한 건 진짜인지 가짜인지 여부가 아니다. 그저 듣기 좋으면 그만인 것이다.

그런데 세인트 조지가 용을 죽인 전설 속 장소에서, 제3차 십자군 원정 때 용맹하고 싸움에 능한 잉글랜드 사자왕 리처드Richard I(재위 1189~1199)가 이슬람교도와 격렬한 전투를 벌이고 값진 승리를 거머쥐는 사건이 일어났다.

잉글랜드인은 세인트 조지가 묵묵히 그리스도교인을 도와 승리를 안겨준 거라고 확신했다. 카파도키아에서 태어난 로마 병사 세인트 조지는 역사상 단 한 번도 브리튼섬에 가본 적이 없는 것 같지만, 잉글랜드인은 세인트 조지를 그들의 아이돌로 인정하리라 굳게 마음먹었다. 그때부터 세인트 조지가 먼 바다를 건너 잉글랜드의 수호성인이 된 것이다.

세인트 조지에 대한 잉글랜드의 숭배심은 십자군 열풍이 끝난 후에도 여전히 남아 있었다. 온 유럽이 잉글랜드가 세인트 조지를 얼마나 열렬히 사랑하는지 알았다. 1504년 잉글랜드 왕 헨리 7세 Henry VII(재위 1485~1509)가 이탈리아에 있는 우르비노 공작에게 영국 최고 훈장인 '가터훈장The Most Noble Order of the Garter'을 수여하자, 공작은 은혜에 보답하기 위해 르네상스 시대의 남신男神 라파엘로를 찾아가 잉글랜드의 수호신 세인트 조지를 찬양하는 그림을 그려달라고 부탁했다. 그런데 안타깝게도 현재 이 그림은 대영박물관이 아니라 프랑스 파리 루브르 박물관에 보관되어 있다.

아, 가만히 있는데 괜히 또 영국과 프랑스의 콤플렉스를 건드렸나? 용을 죽인 영웅 전설로 다시 돌아오면, 세인트 조지는 이제 더는 원래 그 세인트 조지가 아니었다. 기사가 미녀를 구하고, 성인이 전도를 하고, 용감한 사람이 악한 용과 싸우는 화려한 각본에 지혜롭고 용감하며 정의감이 넘치는 세인트 조지의 이미지가 더해지니 잉글랜드가 애지중지하며 놓지를 못하게 된 것이다. 1222년 의회는 4월 23일을 '세인트 조지의 날'로 선포했는데, 지금도 여전히 잉글랜드에서만 이날을 국경일로 기념한다. 해마다 '세인트 조지의 날'이 되면 영국 곳곳에서 세인트 조지의 상징인 흰 바탕에 붉은 십자가 도안이 그려진 깃발이 바람에 펄럭이는 것을 볼 수 있다(잉글랜드 국기는 '세인트 조지 크로스'라고 불린다).

북유럽 신화부터 현대 판타지 문학까지

성경에서 흑화된 마귀라는 악한 용의 이미지를 제쳐두더라도 용은 북유럽 신화에서조차 '흑색'이다.

「요한계시록」의 역사보다 더 까마득한 북유럽 신화에서 용은 '니드호그Nidhogg'라는 이름으로 명성이 자자한데, 거대한 흑룡으로 세계수(이그드라실)의 뿌리 근처에 산다.

북유럽 신화 우주관에서 세계수의 가지는 온 세상을 구성하고 아래 아홉 국가를 연결한다.

인간계
아스가르드: 천둥의 신 토르와 그의 아버지 오딘의 고향
바나헤임: 또 다른 신족의 집
헬헤임: 저승
니플헤임: 안개의 나라(또는 얼음의 나라)
무스펠헤임: 불꽃의 나라(또는 불의 나라)
요툰헤임: 거인의 나라
알프헤임: 빛의 정령이 사는 나라
스바르트알프헤임: 밤의 정령이 사는 나라

세계수의 뿌리는 세 나라로 뻗어 있는데, 그중 가장 굵은 부분이 안개의 나라에 있다. 뿌리를 내린 부분에는 영원히 마르지 않는 샘물이 있다. 이 샘물은 우주에 있는 모든 강의 원천으로, 거대한 흑룡 니드호그가 바로 여기에 산다. 니드호그를 필두로 독사들이 세계수 뿌리 쪽에 둥우리를 틀고 앉아 매일 뿌리를 갉아먹는 일만 한다.

세계수 뿌리가 완전히 물어뜯길 때까지 니드호그가 갉아먹고 씹어대면 '신들의 황혼(세상의 종말을 의미)'이 시작된다. 신들은 거인과 최후의 전쟁(라그나뢰크)을 벌인다. 양측은 주위를 온통 피로 물

들일 때까지 격렬하게 싸우는데, 니드호그는 두 날개를 퍼덕이며 시체가 널린 들판 위를 빙빙 날아다닌다. 온 우주가 파멸해 고요한 침묵과 영겁의 어둠만 남을 때까지.

혹자는 니드호그가 '하나밖에 모르는 바보'라고 말한다. 오로지 세계수를 넘어뜨릴 생각만 한다는 것이다. 팬픽션fan fiction(팬들이 대중적으로 인기 있는 작품을 재창작한 것으로 '팬픽'으로 줄여 말하기도 한다―옮긴이)에서나 갖다 쓸 수 있을 법한 귀여운 생각이다. 대다수 유

제1차 세계대전 당시 사악한 적수를
흑룡에 비유한 정치 만화

럽인에게 니드호그는 그냥 머릿속에 우주를 갉아먹겠다는 악의로 가득 찬, 세상을 멸망시키는 흑룡이다. 제1차 세계대전 연합국의 정치 만화에서까지도 흑룡을 사용해 '사악'한 적 독일을 상징했다. 너희가 '용'으로 나를 폄하할 수 있다면 나도 똑같이 할 수 있다! 나치스 독일은 제2차 세계대전 선전 포스터에서 손에 번개, 수류탄, 보검을 든 독일군이 악룡惡龍(동맹국)을 하나씩 참살하는 장면을 등장시켰다.

너무 유치하지 않은가? 과학이 발달한 지금의 우리는 '용'에게 죄가 없다는 것을 안다. 인간의 상상 속에서만 존재하는 동물로서 용은 동양에서 인정하는 것처럼 상서롭고 존귀한 것을 상징할 수 있다. 반대로 서양에서 이야기하는 것처럼 잔학하고 악행을 저지르는 흉수兇獸일 수도 있다. 날개가 있을 수도 있고, 날개 없이 구름과 안개를 타고 하늘을 날 수도 있다. 모두 다 우리가 만든 형상인 것이다.

그래서 오늘날 '용'은 판타지 문학 작품의 '최애'가 되었다.

현대 판타지 문학의 아버지로 불리는 톨킨J. R. R. Tolkien은 『반지의 제왕The Lord of the Rings』, 『호빗The Hobbit』 등의 작품을 통해 복잡하고 정교한 새로운 세계를 창조했다. 그의 작품에는 난쟁이(호빗), 정령(엘프), 기사, 마법사, 오크, 용족이 등장한다. 거장의 펜 끝에서 탄생한 용은 서양 신화와 전설을 집대성한 결과물이라 그런지 여전히 나쁜 존재로 그려졌다. 영리하고 강한 화력을 지닌 용족은 보물에 대한 탐욕이 들끓었으며, 다른 종족을 경멸하고 걸핏하면 거리낌없이 마구 죽였다.

미국 판타지 작가 어슐러 르 귄Ursula Le Guin의 『어스시 연대기The Earthsea Cycle』에도 영웅, 모험, 마법, 용이 등장한다. 그런데 어슐러 르 귄이 쓴 용의 이미지는 이전과 180도 바뀌었다. 사람과 용이 본래 일족이었는데 각자 갈 길을 가기로 합의했다는 것이다. "사람은 무거운 짐을 선택하고 용은 두 날개를 선택했다. 사람은 소유하기로 하고 용은 버리기로 했다." 용과 사람의 관계가 뒤엉켜 분명하지 않기 때문에, 계속 읽다 보면 무엇이 인성人性이고 무엇이 용성龍性인지 혼란스러울 때도 있다.

HBO의 인기 시리즈 〈왕좌의 게임〉은 미국 작가 조지 마틴George R.R. Martin의 판타지 소설 『얼음과 불의 노래A Song of Ice and Fire』를 각색한 작품이다. 극중에서 용들의 어머니 대너리스는 첫 번째 남편 칼 드로고 화장터에서 용 세 마리를 부화시킨다. 그리고 그때부터 파괴의 여왕이 된다. 그녀가 언짢아하며 "드라카리스Dracarys!"라고 외치면 적은 불타서 잿더미로 변한다. 대너리스가 불을 뿜으며 날아가면 전쟁터에서 거의 당해낼 자가 없었다. 다른 가문도 저마다 매력적인 부분이 있었지만, 대너리스 타르가르옌의 드래곤 가문처럼 싹쓸이식 전투 실력으로 팬들의 마음을 후련하게 만든 가문은 없었다.

다양한 언어로 쓰인 이야기에서 우리는 용에 대한 수많은 상상과 기대를 완성했다. 처음에는 강력하고 없애버리기 힘든 사악한 존재였지만, 용과 공생하고 공존하며 서로 구별하기 어려운 단계를 거쳐 용을 타고 용의 위력을 빌려 세계를 정복하는 데까지 이르렀다. 상상력은 우리를 용과 함께 춤추게 만들고 용을 무한한 평행우주로 발전시켰다.

어쩌면 자녀에 대한 우리의 기대에도 이를 똑같이 적용할 수 있을지 모른다. 십이지신 중에 유일하게 용만 실제로 존재하지 않는 허구의 동물인 것처럼, 모든 용띠 아이도 자기만의 모습을 가질 수 있을 것이다. 사실 용띠만 해당되는 것이 아니고 누구나 다 가능하다.

18

고양이의 비극

인터넷에 시답잖은 글을 올리면서 추천 수는 많이 받고 싶다면 방법이 있다. 고양이 사진을 같이 올리면 된다.

뭐가 됐든 귀여운 게 진리다. 고양이가 있으면 바로 추천이다. '냥인(고양이족)'은 이미 지구를 정복하고 각계각층의 사람에게 귀여움을 두루 전파했다. 무조건 강아지파인 나조차도 길에서 우연히 고양이를 마주치면 지조 없이 만지곤 한다. 어디에서 온 고양이든 상관없이 일단 만지고 보는 게 옳다!

그런데 묘생貓生이 줄곧 순풍에 돛 단 듯 순조로웠던 것만은 아니다. 역사에서 고양이와 인간이 주인 자리를 놓고 벌인 꽤나 멋진 투쟁이 있었다.

이집트인은 고양이가 저승의 주인이라고 믿었다

역사상 고양이들이 가장 영광을 누렸을 때 이 '냥인'은 고대 이집트인 세계에서 가장 순수한 최초의 애묘인(중국어로 '마요누貓奴'라고 하는데, 단순히 고양이를 예뻐하고 좋아하는 사람과 일명 '고양이 집사'를 아우르는 단어다—옮긴이)을 길들였다. 이로써 고양이는 이집트에서 국가적 총애를 받는 숭고한 지위를 성공적으로 쟁취했다.

고양이의 눈빛이 지나치게 귀여워서인지 아니면 젤리 같은 고양이 발바닥이 너무 사랑스러워서인지 몰라도, 어쨌든 고대 이집트인은 고양이 앞에 완전히 납작 엎드렸다. 그들은 고양이가 어두운 저승을 주관하는 주인이라고 믿었다. 고양이가 암흑을 물리치고 사람들이 다시 광명을 볼 수 있게 안내하는 구원의 신이라고 생각한 것이다. 고양이를 기르는 일은 집에 있는 천지신명을 섬기는 것과 같았다. 고양이가 이집트인의 집에서는 주인인 게 확실했다. 따라서 고대 이집트 시대에는 집에 있던 고양이가 세상을 떠나면 온가족이 함께 눈물을 흘리며 슬퍼했다. '주인' 고양이가 고이 잘 모셔졌는지 확인이 되어야 안심하고 눈물을 거둘 수 있었다.

고양이 황금시대였던 고대 이집트 문명이 멸망한 후 고양이는 그리스 로마인에게 자신이 신이라는 것을 설득하는 데 어려움을 겪은 듯하다. 올림피아 신전에 고양이 자리는 없었던 것이다. 하지만 다행히 고양이는 타고난 사냥 솜씨 덕분에 그리스 로마 시대에도 여전히 환영을 받았다. 쥐잡기의 고수였던 고양이는 이 기술 하나만으로도 취업할 수 있는 기회가 적지 않았다.

그러나 아무리 귀여운 고양이라도 이제부터는 눈빛이 어두워지기 시작할 것이다. 역사상 묘생이 가장 힘겨웠던 시대, 유럽의 중세로 들어갈 예정이기 때문이다.

고양이가 뒤를 돌아본다면
고양이 모래 아니면 통조림 때문이다

개를 키우는 사람은 집에 왔을 때 자신이 대단한 사람이라도 된 것 같은 뿌듯함을 한 번쯤 느껴봤을 것이다. 문이 열리기도 전부터 개가 흥분해서 짖고 팔짝팔짝 뛰다가 문이 열리면 곧장 주인의 품으로 달려들기 때문이다. 집에 오면 개는 신나게 비비고 핥으면서 주인을 반긴다. 인간의 가장 좋은 친구로서 개는 누구보다 열정적으로 당신이 이 세상에서 가장 중요한 사람인 것 같은 기분을 느끼게 해준다.

고양이는 어떨까? 집에 오면 당신은 고양이를 찾기 위해 구석구석 뒤지며 시간을 쏟아야 할 것이다. 만약 고양이가 현관에서 당신을 기다린다면, 그것은 기적이나 사랑이 아니다. 십중팔구 순수하게 밥을 달라는 의도로 볼 수 있다.

도도한 고양이의 속을 우리는 영원히 알 수 없다. 만져달라고 애교부리는 것은 일상이 아니라 어쩌다 한 번 있는 일이다. 움직임도 신비해서 쥐 죽은 듯 기척도 없이 자유자재로 오간다. 항상 소원함을 느끼도록 거리를 유지하고 당신과 대거리를 할 때도 있다. 머그컵을 엎거나 노트북 위에 드러눕고 당신이 '본방 사수'하려고 기다리는데 화면을 점거하는 걸 즐긴다.

혹시 고양이가 일부러 그런 행동을 한다는 걸 눈치 챘는가? 고양이는 인간을 고통스럽게 만들며 희열을 느낀다.

이런 심리를 중세 수사들도 알고 있었다. 기록에 따르면 게르만 지역의 한 수도원에서 고양이 한 마리가 수사가 필사한 원고에 오줌을 싸서 몇 주에 걸쳐 해온 작업을 망쳐버렸다. 수사는 한탄하며 이렇게 적었다. "잃어버린 물건은 없다. 하지만 어느 밤에 고양이가 오줌을 쌌다……. 앞으로 당직을 서는 사람은 고양이가 와서 오줌을 쌀 수 있으니 밤에 책을 펼쳐 놓지 않도록 주의하길 바란다."

도깨비장난 같은 고양이의 특성이 바로 중세 그리스도교인이 불안을 느끼는 원인이었다. 『성경』에 보면 하느님이 인간과 동물을 창조했고, 인간이 "바다의 물고기와 하늘의 새와 가축과 온 땅과 땅에 기는 모든 것을 다스리게" 했다고 나온다.

개는 괜찮다. 사람을 위해 일하고 사람의 관리와 통제를 받을 수 있으니까. 그런데 고양이는 그렇게 할 수 없다.

고양이가 인간 세상의 질서에 자주 도전하다 보니 수많은 애묘인은 이런 의문을 가진다. "고양이는 대체 무슨 생각을 하고 있는 걸까?"

그럼 혹시 당신의 고양이가 사실 당신의 고양이가 아닐 수도 있다는 생각을 해본 적 있는가?

15세기 요크공Duke of York은 수많은 중세 사람의 생각을 한데 모아 이렇게 적었다. "만약 마귀의 영혼을 가진 들짐승이 있다면, 그건 틀림없이 고양이일 것이다!"

마귀의 화신: 그냥 그렇게 됐어, 야옹

고양이: 평생 제멋대로 행동하고 자유를 사랑한 날 용서해 주라냥.

그리스도교인: 놉!

지나치게 제멋대로라 사람이 완전히 통제할 수 없는 고양이들은 마치 영원히 하느님과 엇박자를 내는 악마, 로마 교황청에 끊임없이 도전하며 좀처럼 길들이기 힘든 이교도 같았다.

그래서 고양이는 중세에 시종일관 이단, 사교와 상징적으로 묶여 있었다.

예를 들어 유럽에서 늘 역사가 어두웠던 유대인은 고양이와 관계가 밀접했다. 유대인은 고양이를 숭배했고 고양이로 변신해서 그리스도교인 가정에 숨어들어 못된 장난을 치거나 저주를 할 수 있었다고 전해진다. 그들은 일부러 고양이를 십자가에 못 박아 죽임으로써 예수 그리스도의 죽음을 비웃었다.

야행성 동물인 고양이는 낮에 쉬고 밤에 활동하기 때문에 마녀의 조수나 마녀의 화신으로 간주되었다. 생각해보자. 애니메이션이나 게임에서 마녀는 거의 고양이와 세트로 다니지 않던가? 늑대나 개를 키우는 마녀가 어디 있었는가?

고양이에게 가장 치명적인 일격을 가한 것은 로마 교황 그레고리우스 9세Gregor IX(재위 1227~1241)가 내린 라마의 소리Vox in Rama 칙령이었다.

라마의 소리 칙령은 이단 종교인 루시퍼교를 비난하는 편지였다. 사람을 보내 조사한 결과, 교황은 게르만 지역에 악마를 숭배하는 사교가 성행하고 그 신도들이 신비하고 무서운 의식을 하고 있다는 걸 알게 되었다. 교황은 편지에 이렇게 기록했다. "이 이교도는 두꺼비의 안내를 받아 비밀 집회소로 들어간다. 집회소 중앙에는 그들이 모시는 검은 고양이 조각상이 있다. 이 조각상은 신도들이 단체로 드리는 기도와 염력으로 점차 생명력을 얻는다. 고양이는

교황 그레고리우스 9세
(Pope Gregory IX, c. 1145~1241)

부활할 때 꼬리를 곧추 세우고 군중 속에서 뒷걸음질한다. 이때 광분한 신도는 바닥에 납작 엎드린 채 돌아가면서 검은 고양이의 항문과 꼬리에 입을 맞춘다."

이러한 말이 지나치게 판타지스럽고 기이한지 여부의 판단은 일단 접어두자. 중세인의 심중에는 줄곧 신만 있을 뿐 논리는 없었다는 걸 우리는 어렴풋하게나마 느낄 수 있다. 그나저나 검은 고양이가 어떻게 부활할 수 있지? 마귀가 틀림없다! 검은 고양이의 엉덩이에 어떻게 입을 맞출 수가 있지? 신도가 전부 변태인 게 확실하다! 그러니 검은 고양이와 신도를 깡그리 불태우자!

또 시작이네! 걸핏하면 불태우자니, 안 태우는 때는 대체 언제야?

마녀사냥이 자행되던 시대에는 고양이도 마녀와 엮어 피해자가 되었고 그렇게 장장 수백 년에 걸쳐 고양이 대학살이 벌어졌다.

프랑스는 세례자 성 요한 탄생 대축일Solemnity of the Nativity of St. John the Baptist을 기념한다. 매년 6월 24일이면 광장에 모닥불을 피우고 사람들이 그 주위를 에워싼 채 춤을 춘다. 그러고는 마력을 지닌 물건을 불더미에 던지며 액운을 쫓고 복이 오기를 기원한다. 중세에는 프랑스인 사이에 고양이를 던지는 것이 유행이었다.

벨기에 소도시 이프르에서는 3년을 주기로 5월 둘째 주 일요일마다 '고양이 축제Kattenstoet'가 열린다. 중세에는 사람들이 도시 중심가를 따라 퍼레이드를 했는데, 이벤트 분위기가 절정에 다다르면 고층 건물 꼭대기로 올라가 고양이를 산 채로 떨어트려 죽였다. 그런 의식이 고양이 몸에 붙은 악령을 쫓는 데 효과적이라고 믿었던 것이다.

만약 생물학적 지식이 어느 정도 있는 사람이라면 대자연의 먹이사슬이 균형을 잃으면 재난이 발생한다는 걸 알고 있을 것이다. 많은 고양이가 유럽인의 손에 죽임을 당하면서 쥐 같은 동물은 그야말로 살판이 났다.

중세 말엽 흑사병 창궐을 두고 일부 학자들은 유럽의 고양이 수가 급감한 것과 관련이 있다고 본다. 천적이 사라지니 쥐들이 마구잡이로 번식하면서 그 수가 폭발적으로 증가했고, 고양이를 학살한 민중에게 무시무시한 보복을 한 셈이 되었다.

하지만 걷잡을 수 없이 퍼지던 전염병으로 수많은 유럽인이 목숨을 잃었지만, 당시 사람들은 자신들이 생물학적인 잘못을 저질렀다는 사실을 깨닫지 못했다. 엉뚱하게 이 흑사병이 인간에게 내린 신의 형벌이며, 이런 액운이 찾아온 것은 인간 세상에 사악과 죄악이 너무 많아서라고 믿었다. 그러니 계속 고양이를 죽이자! 마귀의 화신이자 사악의 상징을 싹 다 죽여 없애버리자!

생물 교사가 역사 교사보다 더 울고 싶은 순간이 모처럼 찾아온 듯 싶다.

아이고, 야옹 야옹

고양이가 잠시 숨을 돌릴 수 있도록 장소를 좀 바꾸는 게 좋겠다.

똑같이 중세이기는 해도 이슬람 세계에서 태어난 고양이는 훨씬 편안한 삶을 살았다.

평생 스스로를 더럽히는 걸 자원하는 개에 비해 고양이는 깨끗한 걸 좋아한다. 정해진 곳에 배설하고 자기 배설물을 숨기며 매일 부지런히 손과 얼굴을 씻는다. 이렇게 분별 있는 고양이는 이슬람 세계에서 깨끗함의 상징이며, 개 또는 다른 '불결'한 동물에 비해 인간과 함께 생활하기 적합한 애완동물로 여겨졌다.

고양이가 이슬람 세계에서 이토록 환영을 받는 데는 나름의 원인이 있다. 선지자 무함마드의 추종자 중에 아부 후라이라Abu Hurairah라는 사람이 있는데, 그 이름을 글자 그대로 해석하면 '고양이의 아버지'라는 뜻이다. 그의 대한 수많은 이야기가 고양이와 관련이 있다. 그는 매일 정기적으로 이슬람교 사원 근처에 사는 고양이에게 먹이를 줬는데, 그래서인지 그가 문을 나서기만 하면 주변에 그를 졸졸 따르는 고양이 무리가 있었다고 한다. 그의 애묘들은

슈퍼 히어로처럼 선지자 무함마드가 뱀에 물리지 않도록 구해준
적도 있었다.

이런 이유 때문에 전체 그리스도교 세계에서 교황의 칙령으로
대대적인 고양이 학살이 시작되고 얼마 지나지 않아 이집트 카이
로의 어느 돈 많은 이슬람교도가 고양이 보호소를 지었다. 자자, 이
리온! 그리스도교 세계는 너희를 거절하니 모조리 우리 이슬람의
품으로 오려무나.

지금까지도 전체 이슬람 세계는 고양이에게 굉장히 우호적이다.
터키에는 심지어 이런 속담도 있다.

"고양이를 죽이면 알라의 용서를 받기 위해 반드시 모스크를 세워야
한다."

고양이가 참 재주도 좋다는 생각이 들지 않는가? 잠시 그리스도
교 세계에서 호되게 당하기는 했지만 이내 중동에서 이슬람교도의
마음을 사로잡았으니 말이다. 그러고 보면 세계사란 곧 도처에서
고양이가 사람들을 '정벌'하는 역사가 아닌가 싶다.

그런데 이쯤에서 나도 공평하게 말을 해야 할 것 같다. 중세에 전
체 그리스도교 세계에서 미친 듯이 고양이를 죽음으로 몰고 간 것
은 아니다. 고양이의 쥐 잡는 솜씨와 까칠한 매력은 지루하기 짝이
없는 수도 생활을 버틸 수 있게 한 원동력이 되기도 했다. 1305년
부터 1467년까지 잉글랜드의 엑서터성당의 수입 및 지출 명세서에

1941년 윈스턴 처칠과 프린스오브웨일스 항모에 있던 검은 고양이

는 고양이 사료로 통조림 지출 내역이 기록되어 있다.

15세기 신항로 개척 시대가 되면 고양이들은 배 위에서 더 큰 기량을 발휘하며 선원의 사랑을 독차지하는 귀염둥이로 변신했다.

고양이가 배를 타고 일할 수 있었던 것은 돛을 올리거나 키를 잡는 일을 도울 수 있어서가 아니었다. 먼 바다로 항해하는 데는 오랜 시간이 걸려서 보급이 힘들었다. 그래서 배에 식량을 잔뜩 싣다 보니 쥐들도 같이 따라오게 되었다. 음식을 먹는 건 그렇다 쳐도, 쥐는 '현지 조달 능력'을 발휘해 배의 갑판까지 갉아먹기 시작했다. 나무로 범선을 만들던 시대라 선체를 받치는 중요 부분 용골龍骨이 갉아 먹히는 날에는 모든 게 다 끝장이었다.

뿐만 아니라 선체가 완전히 폐쇄적인 공간이기 때문에 쥐의 배설물이 질병을 퍼트리기 쉬웠다. 한 사람이 걸리면 배 전체로 전염되어 망망대해에서 다 같이 죽지 못해 사는 생활을 할 수밖에 없게 되는 것이다.

이럴 때 고양이를 데리고 배에 탈 수 있다면 너무 좋지 않을까? 쥐도 잡아주고 귀여운 행동 하나하나가 긴 시간 항해로 인한 고단함을 잠시나마 잊게 만들어줄 수도 있으니 말이다. 바다를 보다가 고양이를 보면 금세 기분이 좋아진다. 그러니 배마다 최소 고양이를 한 마리씩 데려가자! 이렇게 해서 고양이는 신항로 개척 시대에 먼바다 항해의 고정 멤버가 되었다.

제2차 세계대전 때 항공모함이 개발되기는 했지만 배의 주요 선로와 케이블이 쥐에게 갉아 먹혀 합선이나 전선에 불이 붙는 일이 생길 가능성이 있었다. 그래서 제2차 세계대전 기간 동안 대다수 유럽 군함에 고양이를 배치했는데, 전쟁 틈틈이 고양이를 만지작거리는 게 바다 생활의 일상이었을 게 틀림없다.

2017년 러시아 국방부는 트위터에 '군함 고양이'가 부대를 따라 무사히 귀항했다는 소식을 전하기도 했다. 이 고양이는 표트르대제호 핵추진 순양함을 타고 시리아를 원정했는데, 총 항해거리가 1만 8,000해리(3만 3,000킬로미터)에 달했다. 사실 현대 군함은 기본

적으로 전부 금속제라 더 이상 고양이를 길러 쥐를 잡을 필요는 없어졌다. 하지만 러시아 현지 언론이 핵심을 짚으며 고양이를 배에 태운 가장 중요한 목적을 언급했다. "고양이의 가르랑 소리가 배 위에서 지내는 병사들을 위로할 수 있다."

사람들도 그냥 외로울 때가 있으니까.

누가 누구를 구원했을까

중세에 시작된 고양이 박해는 계몽운동 이후가 되어서야 마침내 누그러졌다. 계몽운동은 인간의 이성을 신뢰하는 동시에 인간의 비이성적인 부분을 없애려고 시도했다.

고양이를 악마의 화신, 마녀의 애완동물과 동일시하던 시대가 이제 곧 막을 내릴 준비를 했다. 계몽운동은 "난 고양이를 키워서 즐거워"라는 단순한 이유로 고양이를 곁에 둘 수 있게끔 격려했다.

죽이지 않고 그냥 함께하는 것이다.

영국을 '해가 지지 않는 나라' 시대로 이끈 빅토리아 여왕Queen Victoria(재위 1837~1901)은 차세대 애묘인이 되었다. 그녀가 고양이를 사랑하게 된 이유는 사실 굉장히 역사적이다. 이집트 상형문자가 19세기에 잇따라 해독되면서 고대 이집트 연구 열풍이 유럽 전역으로 확산되었다. 너무나 멋진 이야기와 출토된 문화재가 빅토리아 여왕을 포함한 수많은 역사 연구 애호가를 매료시켰다. 그중 고양이를 향한 이집트인의 열렬한 사랑과 숭배는 빅토리아 여왕이 고대 문명에 경의를 표하게 된 이유로 작용했고, 이후 여왕은 고양이 두 마리를 길렀다. 고양이를 향한 여왕의 열정에 힘입어 수많은 영국인에게 고양이는 최우선순위 애완동물이 되었다.

마침내 역사가 돌고 돌아 인류 사회에서 고양이가 오랫동안 차지했던 지위를 다시금 회복한 것이다.

2015년 미국 인디애나주 펜들턴 교도소와 동물보호단체가 힘을 합쳐 F.O.R.W.A.R.D 프로젝트를 선보였다. 사람들에게 유기되거나 학대 받고 상대적으로 길들이기 어려운 길고양이를 교도소에 들인 것이다.

이 프로젝트는 재소자들이 고양이를 보살피는 과정을 통해 사람에 대한 고양이의 신뢰감을 높이고 재소자는 생명체에 대한 책임감을 느끼며 무언가를 베푸는 법을 배울 수 있기를 기대한다. 길고양이와 사람이 서로를 치유하며 과거의 상처를 회복하고 다시 사랑과 신뢰를 얻을 수 있는지 가능성을 시험하는 것이다.

강아지파인 나는 자주 생각한다. 고양이가 지금 세대에 더 환영받는 것처럼 보이는 이유는 무엇일까?

아마도 우리 인간의 삶이 더 외로워졌기 때문일 것이다. 휴대폰 하나만 손에 쥐면 온 세상을 가진 것 같고 자신만의 소우주를 만든 것 같은 기분이 든다. 우리는 누군가에게 방해받고 싶어 하지 않고 밖에 나가는 것은 더 싫어한다. 하지만 그러면서도 생명체 간에 느끼는 어떤 애틋함과 온기를 갈망한다.

그래서 너로 정했다. 야옹.

대부분의 시간에는 각자 할 것을 하면서 필요할 때는 네가 나에게 통조림을 주고 나는 너에게 나를 만질 수 있게 해주는 거지. 살면서 고양이의 애정 표현 하나로 해결할 수 없는 문제는 없는 것 같다. 만약 있다면 다시 한 번 애정 표현을 해보시든지!

바이킹에서 브렉시트까지
사건과 인물로 읽다

심플한 세계사

초판 1쇄 인쇄 2023년 11월 10일
초판 1쇄 발행 2023년 11월 10일

지은이 우이룽
옮긴이 박소정
발행인 박종서
발행처 역사산책
출판등록 2018년 4월 2일 제2018-60호
주소 (10477) 경기도 고양시 덕양구 은빛로 39, 401호(화정동, 세은빌딩)
전화 031-969-2004
팩스 031-969-2070
이메일 historywalk2018@daum.net

© 역사산책, 2023

* 잘못된 책은 바꿔 드립니다.
* 이 책의 무단 복제와 전재를 금합니다.

ISBN 979-11-90429-33-7 03900

값 18,000원